諏訪の神さまが気になるの

古文書でひもとく諏訪信仰のはるかな旅

北沢房子

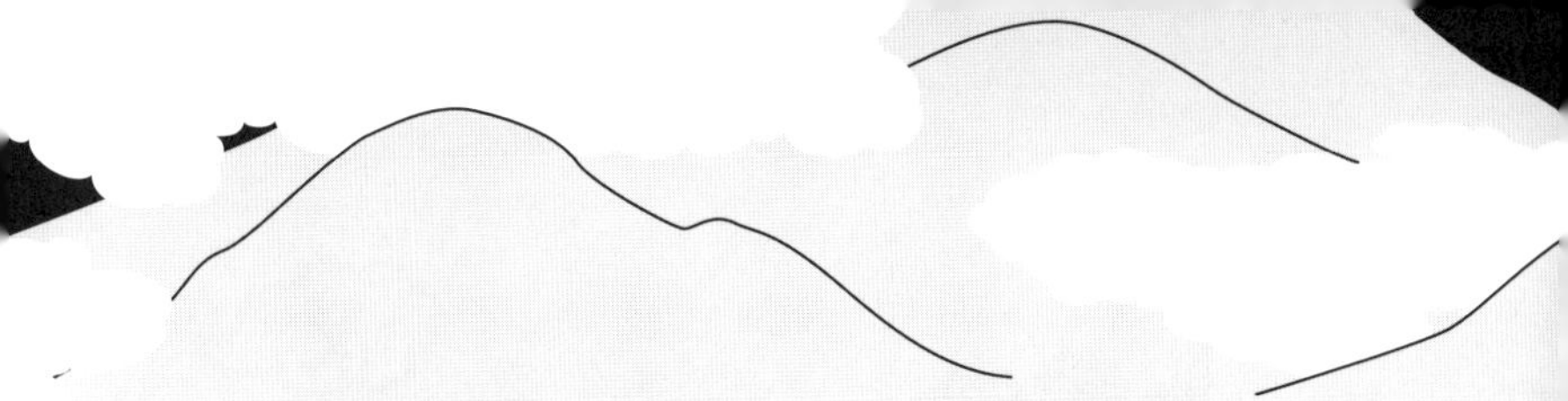

まえがき

清らかで静けさに満ちた神社の空気感が大好きです。
もちろん、困った時には神頼み。神さまによって、ご利益もいろいろです。
見回せば、いろんな神さまがいます。
神話の神さまは、ガマンができなかったり、自分勝手だったり、
人間っぽくて親しみを感じてしまいます。

そこで、信州の諏訪湖の近くの諏訪大社。
諏訪大社は、全国に1万余もの分社があるといいます。
信州人としては、誇らしさとともに、なぜそんなに人気なのか不思議です。
諏訪大社は、かつて諏訪神社と呼ばれ、古くは諏訪社と呼ばれていたそう。
そして、明治以前は諏訪明神《みょうじん》として親しまれていたのだとか。
いったい諏訪の神さまってどんな神さま?
人気の秘密が、霧の奥に渦巻いていそうで面白そう。
それを探る旅に出かけてみます。

諏訪の神さまが気になるの　古文書でひもとく諏訪信仰のはるかな旅　―目次―

ふさこ
編

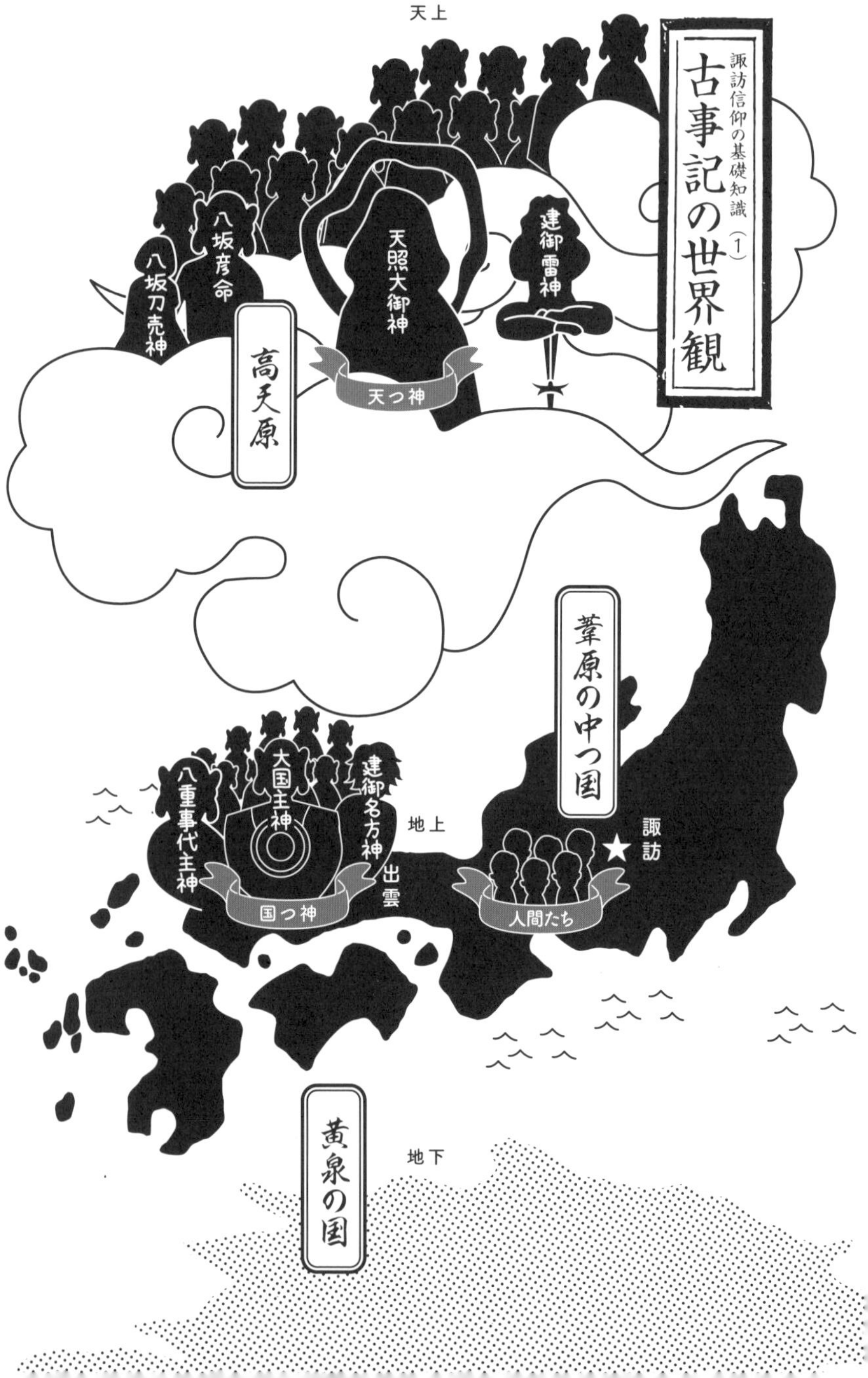
諏訪信仰の基礎知識（1）
古事記の世界観
天上
高天原
天照大御神
建御雷神
八坂彦命
八坂刀売神
天つ神
葦原の中つ国
地上
大国主神
建御名方神
八重事代主神
国つ神
出雲
人間たち
諏訪
地下
黄泉の国

建御名方神《たけみなかたのかみ》の巻

諏訪大社の祭神は意外に複雑

まずは『古事記』をひもときます

諏訪大社の祭神を聞かれて、「建御名方神《たけみなかたのかみ》です」と即答する人はどのくらいいるでしょうか。

お膝元である諏訪の方々や信州人、そのほか神社通、神さま通、あるいは天下の奇祭好きあたりは、すらすらと言えるかもしれません。でも、そもそも祭神の名前を気に留めてお参りする人も少ないのでは。

諏訪大社には上社《かみしゃ》と下社《しもしゃ》がありまして、それぞれ二つのお宮からなっています。その祭神は、上社の本宮が建御名方神、前宮が妃神の八坂刀売神《やさかとめのかみ》。下社は春宮《はるみや》・秋宮《あきみや》ともに建御名方神と八坂刀売神に、兄神の八重事代主神《やえことしろぬしのかみ》もお祀りしています。…と、いかにも知っていたかのようですが、実は『諏訪大社』という大社発行の小冊子を見て驚きました。お宮ごとに祭神が違うんですね。

建御名方神が諏訪の神となった経緯は、日本最古の歴史書『古事記』で語られる国譲り神話にあるとされています。

国譲り神話は、天上の「高天原《たかまのはら》」を治める天照大御神《あまてらすおおみかみ》が、大国主神《おおくにぬしのかみ》の支配していた「葦原《あしはら》の中《なか》つ国《くに》」を征服する物語です。葦原の中つ国というのは、天上の高天原と地下の「黄泉《よみ》の国」の間にある地上世界のこと。「天《あま》つ神」たちのいる高天原から「国《くに》つ神」たちや人間のいる葦原の中つ国へ、国譲りを迫る使者として建御雷神《たけみかずちのかみ》が遣わされたところから、建御名方神の話が始まります。これから先、古文書の引用文は原則、現代語の要約でご紹介します。訳したのは不肖わたくし。

大国主神の跡継ぎ息子は、高天原からの使者に「この国は天つ神の御子に奉りましょう」と言って身を隠した。

それに対して、もう1人の息子の建御名方神は、千人引きの大石を軽々と差し上げながらやって来て、「何者だ、我が国に来てこそこそと物を言っているのは。この国が欲しいというなら力比べをしよう」と、使者の建御雷神に立ち向かった。建御名方神が建御雷神の手をつかむと、その手が突き立つ氷のようになり、またつかもうとすれば、剣の刃のようになってつかむことができない。

怖じ気づいた建御名方神に、建御雷神は「今度はこちらの番だ。さあ手を出せ」と、建御名方神の手を握るなり、柔らかな若葦《わかあし》でもつかむように握りつぶして体ごと放り投げたので、さすがの建御名方神も恐れをなして逃げ去ってしまった。建御雷神は後を追って、信濃国の諏訪湖のほとりに追い詰めて殺そうとした。建御名方神は「恐れ入りました。殺さないでください。この地からよそに行きません。父の命令に背きません。兄の言葉にも背きません。この国は天つ神の御子の仰せの通り、献上いたします」と誓った。

（『古事記』より要約）

これが『古事記』の語る、建御名方神の鎮座の由来です。申すも畏《おそ》れ多いことですが、第一印象は「え〜！　はっきり言って情けなくないですか⁉」。

和銅《わどう》５年（７１２）に完成した『古事記』は、天皇家の支配を正当化し、天皇家の権威の高さを主張するために、国造りの経緯を記した書。言わば、古代の大和朝廷による公式見解がこれです。大切な祭神の由緒がこれでいいのかと、思わず心配になってしまいました。

『古事記』でこのように書かれていた神さまを、諏訪ではどう受け入れたのでしょうか。

諏訪大社に関する最古のまとまった史料とされるものは、鎌倉時代中期の宝治《ほうじ》3年（1249）に書かれていました。

上社の最高神職である「大祝《おおほうり》」という世襲の役職についていた諏訪信重《のぶしげ》という人が、鎌倉幕府へ差し出した『諏訪信重解状《げじょう》』という古文書です。諏訪大社を知るのに重要な文書なので、以下『解状』と略して何度も登場します。

まずは冒頭「守屋山麓御垂跡事《もりやさんろくごすいじゃくのこと》」に、諏訪明神《みょうじん》（神の尊称。大明神とも言う）の天降《あまくだ》りについて書いていました。ざっくり要約するとこんな感じです。

この地はもともと守屋大臣の所領だったが、そこに明神が天降りした。明神と守屋大臣は互いに譲らず争いとなり、明神が勝利して守屋大臣を追罰した。

（『諏訪信重解状』より要約）

ここでは、建御名方神の名前は出てこないまま、「明神」が堂々と諏訪の守屋山麓に天降りし、先に住んでいた守屋大臣（洩矢神《もりやのかみ》）と戦って屈伏させた、勝利の神として登場。明神が守屋山麓に天降りする以前のことは、一切書かれていません。明神は一体どこから来たのでしょう。

それでは次に、約１００年後の延文《えんぶん》元年（１３５６）に完成した『諏方大明神画詞《すわだいみょうじんえことば》』（以下『画詞』）をひもといてみます。『画詞』は「縁起」と「祭」の部から成り、中世（鎌倉・室町時代）の諏訪信仰をうかがい知るバイブルのような書です。作ったのは、上社大祝の一族で室町幕府などに仕えた諏訪円忠《えんちゅう》という人。

『画詞』も冒頭で鎮座の由来を記しています。こちらは当時、都で最も権威ある歴史書とされていた『旧事本紀《くじほんぎ》』によればと断っているせいか、その内容は『古事記』と大同小異です。けれど、建御名方神が抵抗して力比べをし、敗走して諏訪にたどり着いた部分の書きっぷりが微妙に違っていました。奥歯に何か挟まっている感じがするのです。

それならば力比べをしよう。まずその御手を取るとたちまち氷となり、また剣を取り来る。信濃国の諏訪の湖に至った時、建御名方神が、「我はこの国を除いてはよそに行かない」と言ったのが起源である。

(『諏方大明神画詞』より要約)

うーん。敗れたとも逃げたとも殺されそうになったとも書かずに、諏訪へ来て「よそには行かない」といきなり鎮座しています。もっと言えば、「それならば力比べをしよう」の主語はだれ？ 手が氷のようになったのはどちら？ 剣を取り来るとはどういうこと？ 省略されすぎてよくわかりません。円忠が参考にしたと言っている『旧事本紀』では、そこをどう書いているのか見てみましょう。

建御名方神は力比べに敗れて逃げ去り、諏訪湖畔まで追い詰められて殺されそうになり、命乞いをして、この地から外に出ないし父や兄の命にも背きませんと誓った。

（『旧事本紀』より要約）

やはり『古事記』と同じ、さんざんな書きようではありませんか。

円忠は上社大祝の一族だっただけに、建御名方神の情けない部分を書くに忍びなかったのでしょうか。ここをざっくり省略してうまく言い抜けているような気がします。

そこで、中世文学が専門の信州大学教授、渡辺匡一《きょういち》先生に聞いてみました。

「そうですね。円忠は都の権威ある『旧事本紀』がこう言っていますとアピールしているんですが、実は書き換えています。変えた形でちゃんと取り入れようとしていますね。結局、『古事記』はもちろんですが、『旧事本紀』なども、ほとんどの人が見ていませんし、見られないわけですよね。なので、円忠は全く違う文章に仕上げてしまっているのです」

やっぱり！　円忠は意図的に情けない姿を省略していたのですね。

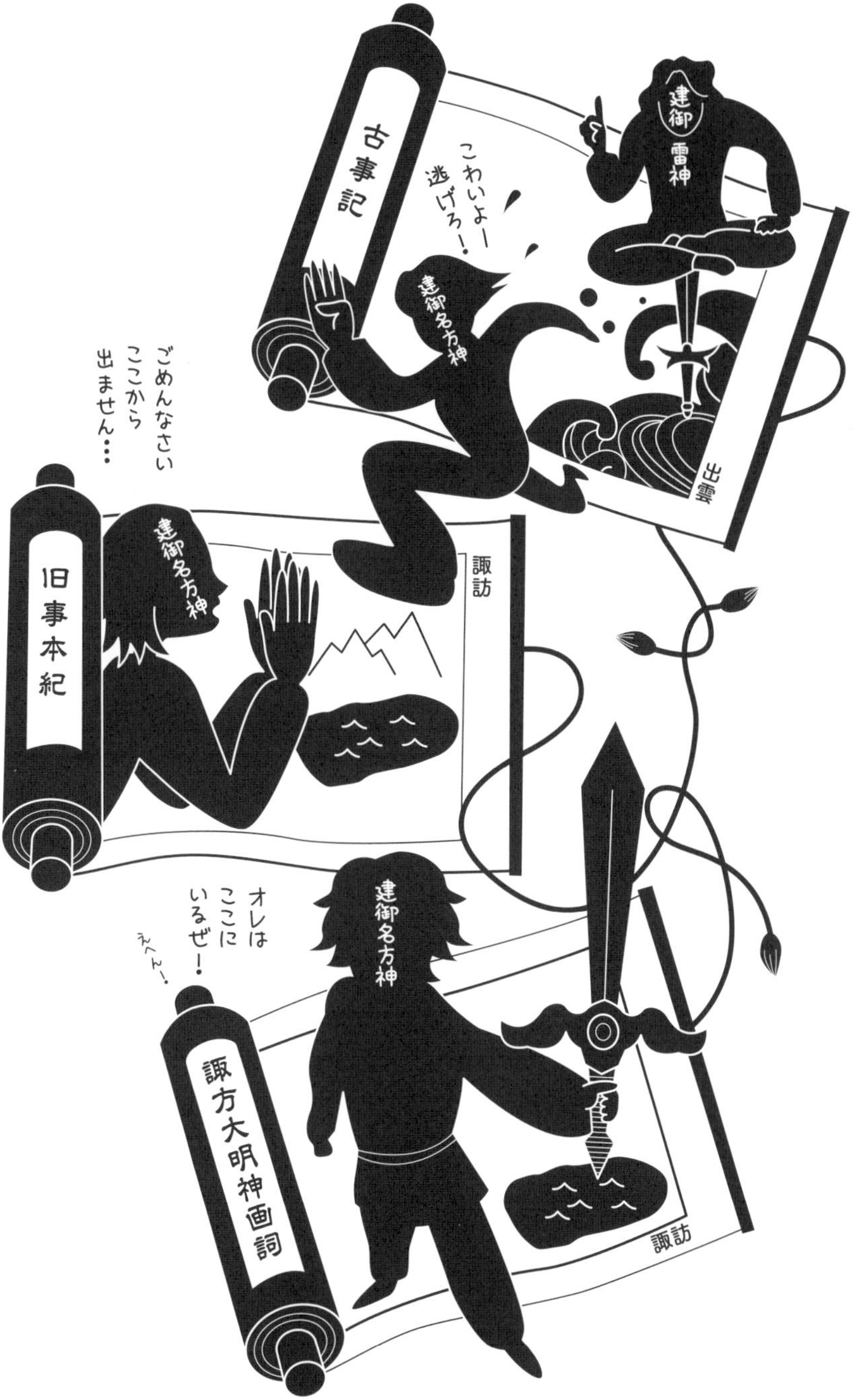

古事記
建御雷神
こわいよー
逃げろ！
建御名方神
出雲
旧事本紀
ごめんなさい
ここから
出ません・・・
建御名方神
諏訪
諏方大明神画詞
オレは
ここに
いるぜ！
えへん！
建御名方神
諏訪

「意図的だと思います。力比べのところも、手が氷になったのがどちらかわからない。この文脈だと、建御名方神の手が氷になった。そして手が剣になったのではなく、剣を持って信濃にやって来た。これだと、勝手に1人でやって来て、『我はこの国を除いてはよそに行かない』と、国に向かって宣言していますね。相手の建御雷神もどこにもいません。なので、負けたという話は一切なくて、建御名方神の意思で諏訪に来たというこ とになる。『旧事本紀によれば』と書いてありますが、形を変えて入れているので、これなら大丈夫という話です」

大丈夫のような、大丈夫でないような…。

ともかく『画詞』は、建御名方神が自らの意思で諏訪にやって来て、「もうどこにも行かない」と宣言したという話になっているのです。

これを書いた円忠とはどんな人なのか、がぜん興味がわいて調べてみると…。

諏訪円忠は鎌倉時代末期、鎌倉で幕府に仕えた有能な官僚でした。建武新政で新政府に召し出され、争いが続出していた土地の訴訟を裁く雑訴決断所の職員となり、さらに室町幕府で足利尊氏《あしかがたかうじ》にスカウトされて、書類作成や裁判に関わる「奉行人」となって活躍したキャリアの持ち主。

上社大祝の一族といっても分家で、立ち位置も思考も中央政権側の人だったわけです。つまり『画詞』は、有能な実務官僚が中央の見解をベースに、地元の面目が立つように書き換えた、苦肉の作だったということでしょうか。

鎌倉幕府が滅亡した時、北条氏に近かった諏訪の大祝家は没落し、諏訪社の祭礼は衰退してしまいました。これを嘆いた円忠は、足利氏の下で諏訪社と大祝家の権威を再び高めて、諏訪信仰を広めようと奮起します。

円忠は、諏訪明神の由緒や威光を丹念に調べ、わからないところを当時第一級の文化人や、朝廷の祭祀と諸国の官社を司る神祇官《じんぎかん》に問い合わせ、諏訪社の縁起を年中祭事とともに、当時流行していた絵巻物に仕立てていきました。名立たる大寺大社の縁起絵巻に負けないものにしようと円忠が力を注いだ結晶は、当代一流の書家と絵師が腕を振るい、しかも各巻の表題を後光厳《ごこうごん》天皇がしたため、足利尊氏が奥書《おくがき》を記したという、豪華な人脈総動員の傑作で、都でも評判だったそう。

でも、それほどまでの原本は残っておらず、詞書《ことばがき》の部分の写本が『諏方大明神画詞』として伝わっているだけなのは残念な限りです。

いろんな神さま大集合？

『諏方大明神画詞《すわだいみょうじんえことば》』（以下『画詞』）は、「縁起」と「祭」の二部から成っています。諏訪円忠《えんちゅう》は「祭」の部の冒頭で改めて、諏訪明神の由来について触れています。しかし、そこにとんでもない問題発言が含まれていました。

> 由来については異説があり、あるいは他国から来た霊であるとか、あるいは我が国根本の神であるとか、旧記の異説は凡人にはよくわからないが、『旧《く》事本紀《じほんぎ》』の説によれば素戔嗚尊《すさのおのみこと》の孫で大己貴神《おおなむちのかみ》（＝大国主神《おおくにぬしのかみ》）の第二子、建御名方神《たけみなかたのかみ》である。建御名方神は父兄の御心に従って、国譲りの際は孝順の道をとった。
>
> （『諏方大明神画詞』より要約）

つまり、諏訪明神が誰で、どこから来た神かという説は、幾つもあるということですか!? 信州大学の渡辺匡一《きょういち》先生、これは一体どういうことでしょう。

「諏訪明神の由来は複数説あるという部分が、もともと諏訪に伝わっていたものでしょう。『画詞』からも、建御名方神の話が最初から諏訪にあったとは読めません。円忠が都で『旧事本紀』を読み、権威ある歴史書に書いてあることを根拠に、建御名方神だと結論付けたということですね」

えっ! 諏訪明神イコール建御名方神だというのは、円忠の出した答えということですか!?

長野県立歴史館で学芸部長を務めた青木隆幸さんは、同館の『研究紀要18号』に「円忠の当初の目的は、諏訪信仰を国家神話のレベルに結びつけることにあった」と記しています。

中世、諏訪の神は文字通り「諏訪明神（大明神）」であって、建御名方神という特定の神が意識されていたわけではなかったのですね。ちなみに、上社の大祝《おおほうり》は最高神職かつ諏訪明神の化身としてあがめられていました。諏訪明神にはさまざまな神格や神威、霊性が包み込まれていて、「そんな諏訪明神の代表として挙げるなら、建御名方神でしょう」と言ったのが、大祝の一族だったとは。

でも、それで合点《がてん》が行ったことがあります。諏訪明神は軍神・武神として知られていて、源頼朝から足利尊氏《あしかがたかうじ》、武田信玄といった名立たる武将たちが信仰を寄せていたと聞きました。戦に敗れて逃げて命乞いした由緒の神に、戦勝祈願をするものだろうか、と不思議に思ったからです。武将たちが祈願したのは、諏訪明神だったのですね。

『画詞』には、諏訪明神は神功《じんぐう》皇后の三韓《さんかん》出兵はじめ坂上田村麻呂《さかのうえのたむらまろ》の東征や蒙古《もうこ》襲来にも出かけていって、神威を現し勝利に導いたとあります。国譲り神話で建御名方神が「この地から出ません」と誓ったことなどどこ吹く風、諏訪明神は朝鮮半島にも東北にも九州にも行って大活躍ではありませんか。

諏訪の神さまが、さまざまな神格や神威、霊性を包み込んだ諏訪明神なのは、近世江戸時代になっても同じでした。

渡辺先生に教えてもらった古文書に、延宝《えんぽう》2年（1674）の『諏方講之式《すわこうのしき》』があります。明神の功徳をたたえ、お願いをする祝詞《のりと》のようなもので、そこには諏訪の神として8神の名が挙げられています。その中で、建御名方神の名前は、まさかの三番目です。

住吉社《すみよししゃ》一体化神であり、鹿島宮《かしまぐう》の子の尊神であり、或《ある》いは健御名方尊《たけみなかたのみこと》といい、或いは伊勢津彦尊《いせつひこのみこと》といい、且《か》つ天照太神魂神《あまてらすおおみかみのこんしん》と名し、且つ大己貴尊権体《おおなむちのみことのごんたい》と号し、亦《また》広田明神と称し、亦事代主尊《ことしろぬしのみこと》と称す。

（『諏方講之式』より読み下し）

何だかよくわからない神さまの名前が「或いは」や「且つ」「亦」で連なって、いろんな神さま大集合です。とりあえず、一人（神）ずつ当たりを付けてみることにしました。

最初の住吉社の神は、神功皇后の三韓出兵の際、天照大御神《あまてらすおおみかみ》の仰せにより諏訪の神とともに神威を現し、皇后の三韓平定を守護したとされる神。

次に名前を挙げられている鹿島宮の神は建御雷神《たけみかずちのかみ》のこと。あろうことか国譲り神話の力比べで建御名方神を打ち負かし、諏訪に追い詰めて殺そうとした張本人（神）では

ありませんか⁉

伊勢津彦尊は、伊勢国を治めていた国《くに》つ神です。『伊勢国風土記』の逸文によると、神武天皇が東征の折、その命を受けた天日別命《あめのひわけのみこと》が伊勢津彦尊に国譲りを迫ります。伊勢津彦尊がこれを拒否して戦となり、殺されそうになると、ひれ伏して「我が国はことごとく天孫に献《たてまつ》ります。私はこの国におりますまい」と言って、大風を起こし波に乗って東に向かったと記されています。どこかで聞いたような話ですが、後補の注記にも「伊勢津彦の神は、その後逃れて信濃国に行ったという」とありました。

その次の天照太神魂神、太神は大神と同様に使われるとのことですが、『日本神名辞典』には載っていません。「天照御魂神《あまてるみたまのかみ》」は「日の神」とありました。

大己貴尊は大国主神の別名で、権体の「権」は「仮の」という意味ですから、大国主神の化身ということでしょうか。

広田明神は、天照大御神の荒御魂《あらみたま》（荒く猛き神霊）のこと。神功皇后が三韓出兵から凱旋《がいせん》の折、摂州広田（兵庫県西宮市）にいる時、大勝利を授けてくれた荒御魂と一緒に、ゆかりの深い住吉神・八幡神・諏訪神・高皇産霊神《たかみむすひのかみ》の四社からなる広田神社を建立したとされます。

そして最後の事代主尊は、大国主神の長男で建御名方神の兄神です。それぞれ諏訪に関係があると言えばある、と言えそうな神ですが、顔触れの多彩なことに戸惑うばかり、驚くばかりです。

そこへ渡辺先生から追い打ちをかける一言が。

「その一方で、延宝7年（1679）に幕府へ提出した諏訪上社の由緒に関する文書の控えには、祭神として建御名方神だけが記されています」

はあ？　どういうことなんでしょう。

「この後の時代の文書にも、祭神が『或いは』とか『亦』でたくさんつながっているのに、なぜこの時に限って建御名方神を前面に出すのか。ここでも『旧事本紀』が根拠になっていると思いますが、権威ある歴史書の中に出てくる神であるということで、社格を誇示するというようなことでしょう。建御名方神は、神社の由緒を誇りたい時に使う『外向け』の神だったと考えられます」

なるほど。政治力の高い諏訪円忠が、『画詞』で祭神を建御名方神だと結論付けたのと同じ理由というわけですね。

ところで、権威ある歴史書として時々名前が出てくる『旧事本紀』は、神代から推古天皇までの歴史が記された書です。今では全くなじみがありませんが、推古天皇の命によって聖徳太子や蘇我馬子《そがのうまこ》が書いたという序文を持ち、平安時代中期から江戸時代中期にかけて大変尊重され信用されていたそうです。それが江戸時代中期以降、国学者によって序文の内容に疑いが持たれて偽書とされ、すっかり見向きもされなくなってしまいました。近年の研究で、序文のみが後世に付け足された偽作だったとわかり、本文は再評価されているといいます。

『旧事本紀』の権威が失墜してしまった江戸時代後期、いろんな神さまの大集合にも変化が現れてきます。

本居宣長《もとおりのりなが》が真価を発見した『古事記』が世に知られるようになり、『古事記』や『日本書紀』『万葉集』などの古典の研究に基づいて、儒教や仏教が伝わる前の日本固有の文化と精神を明らかにしようとする国学が盛んになったからです。いよいよ『古事記』にスポットライトが当たって、建御名方神の注目度がアップしてきます。

上州（群馬県）生まれで諏訪に詳しい国学者の飯塚久敏が、諏訪の酒蔵の当主で国学者でもあった宮坂恒由《つねよし》の協力を得て、安政《あんせい》4年（1857）に著した『諏訪旧蹟誌《きゅうせきし》』

では、祭神についてこう言っていました。

建御名方神
亦《また》の名を南方富命《みなかたとみのみこと》と称す　亦御穂須々美命《みほすすみのみこと》と称す
亦兵主神《ひょうずのかみ》と称す　亦出雲建子命《いずもたけるのみこのみこと》と称す
亦出雲建雄命《いずもたけおのみこと》と称す　亦伊勢津彦神《いせつひこのかみ》と称す
（『諏訪旧蹟誌』より読み下し）

最初に建御名方神を据えた後、先ほど見た『諏方講之式』の8神とはまた別の神名がこんなにたくさん！　こちらもそれぞれ簡単に、どんな神さまか見ていきましょう。

南方富命は、建御名方神の別名です。

御穂須々美命は、『出雲国風土記』に大国主神が高志《こし》（越）国の奴奈宜波比売命《ぬながわひめのみこと》を妻にして産んだ神とあり、美保の郷（島根半島の最東部）にいるとあります。

兵主神は、弓矢をつかさどる軍神です。

出雲建子命は、『伊勢国風土記』の逸文に、出雲の神の御子でまたの名を伊勢都彦の神とあります。とすると、左隣の伊勢津彦神と同神異名?

出雲建雄命は、素戔嗚尊《すさのおのみこと》が退治した八岐大蛇《やまたのおろち》の尾から出たと伝えられる草薙剣《くさなぎのつるぎ》の御霊《みたま》(神霊)だそうです。

渡辺先生、相変わらず神さまがたくさん重なり合っていますね。

「江戸時代の終わりくらいになると、全国の藩に国学者が入り込みます。そこで『古事記』をもとにして、この神社の神は本当はこうだと言っていくわけですが、諏訪に入った国学者は言い切らないんですね」

ははぁ。なぜ言い切らないのですか。

「諏訪はかなり特別です。こういう事例は少なくて、国学者が入ってくると、『古事記』を前面に押し立てて、これが正しいものだから、ここに書いてある神さまですと平気で言うのですが、諏訪には幾つもの信仰が折り重なっていたからか、言い切れない」

諏訪は、意気に燃えた国学者をも気弱にさせましたか。

さらに気弱な例があるそうです。諏訪高島藩の儒学師範、勝田正履《かつたせいり》が幕末に記した『洲羽事跡考《すわじせきこう》』の一節。

大神《おおかみ》（諏訪明神）の御神号《ごしんごう》の事
大神の御神号（称号・呼び名）を健御名方命と言い切ってしまうのは畏《おそ》れ多いことです。あれこれ考えられることなので、間違ってはいけません。一応記して是正を待つことにします。
（『洲羽事跡考』より要約）

勝田正履は、明らかに腰が引けていますよね。

「この人はとても心配していて、『諏訪明神の呼び方は建御名方命と言うはずだけど、本当に言い切っていいか不安があるのでちょっと保留』と言っています。『古事記』では建御名方命なので建御名方命だろうけれど、あまりにたくさんの神さまの名前が出てくるから、もう少し確実なことがわかるまで待とう、というのですね」

気弱というか、不安を正直に書けるのは立派だと、わたくしなどは思います。

捨てない！諏訪の特殊性

「諏訪明神」というフォルダーの中には、何とも多様な神さまが重なり合って同居していたことがわかってきました。

今まで見てきたのは『古事記』や『日本書紀』『風土記』などの神話に登場する神さまです。

このほかにも、一般の人たちにとっては、古くから信仰してきた風の神や水の神、狩猟の神の方が、見たこともない歴史書の神話の神さまより断然おなじみだったことでしょう。武士が台頭して活躍するようになると、軍神としても信仰を集めていました。

その上で、明治になるまでは、そこに仏《ほとけ》さままで同居していたのです。

中世以降の日本では、神と仏を一体とみる「神仏習合《しんぶつしゅうごう》」の信仰が広まっていました。日本の神は、「本地《ほんじ》（もとの姿）」である仏が日本の人々を救うために姿を変えて現れ

諏訪明神フォルダー

た（「迹《あと》」を「垂《た》」れた）とする「本地垂迹説《ほんじすいじゃくせつ》」によるものです。

『諏方大明神画詞《すわだいみょうじんえことば》』で諏訪明神の由来について、「異説があり、あるいは他国から来た霊であるとか…」と言っていたのは、仏教の始まった天竺《てんじく》（インド）の王なり王子なりが神になって現れたという説があったからです。

上社の本地仏は普賢菩薩《ふげんぼさつ》とされ、普賢堂を中心とした神宮寺《じんぐうじ》が本宮の境内から東南一帯に広がっていました。下社では、秋宮が千手観音、春宮が薬師如来を本地仏としていたのです。

「一神教の世界では、新たに神が入ってくると前の神は排除されてしまいますが、多神教の世界では、新しい神が入ってきてもかまわず併存していく。勝負して一つにしないか、という話にならないわけです。こういうのもあるよと平気で増えていく。かえって御利益が増えて得な感じもしますね。江戸時代までの諏訪信仰は、仏と複数の神々への信仰を巧みに組み合わせて、より多くの御利益を得ようとする多面性が特徴でした」

渡辺先生、八百万《やおよろず》の神さまの中に、仏さまも入っていたとも言えるのですね。

確かに、人それぞれの職業や家族関係、病気など置かれた状況によって願いはさまざまです。たくさんの御利益が用意されていればいるほど、大勢の人が信仰するようになるのは納得です。

ところが、明治になると状況が一変。明治政府は、神祭りと政治を一体とする祭政一致を掲げて、神道の国教化政策を打ち出したのです。

まずは天皇支配の下に正しい神の祭りを復興しようと、慶応《けいおう》4年（1868）に神仏分離令を出して神仏習合を否定。神社から仏教色の排除を命じました。

明治4年（1871）には、天皇の祖先を祀る伊勢神宮を頂点として、全国の神社を格付けします。諏訪社は別組織だった上社と下社が統合され、ここで初めて主祭神が建御名方神《たけみなかたのかみ》と八坂刀売神《やさかとめのかみ》に固定化されました。

諏訪社の中にしっかり根づいて溶け合っていた仏教色は取り払われ、「或《ある》いは」や「亦《また》」で登場していた神さまも姿を消しました。神さまの呼び方としておなじみだった「明神（大明神）」も、仏教とかかわりがあったからと否定されたのだそうです。

でも、新しい宗教制度で価値観を統一しようとする明治政府の試みは、うまくいきませんでした。

それまでの価値観がそう簡単に変わるわけはなく、諏訪はことさら。

『古事記』や『日本書紀』、『風土記』の神話で活躍する神さまが登場する時代より前の太古の時代、人々は自然の中に神さまを感じていました。祭りには、彼方の聖なる世界から神さまを招き、祈願や感謝を捧げて、美味しい酒食や楽しい歌舞で目一杯もてなし、祭りが終わるとまたお帰りいただく。神さまが降りてきて依《よ》り付くための目印が、御神木とされる巨木や磐座《いわくら》と呼ばれる巨石でした。やがて、臨時においでいただいていた神さまに、いつも身近にいていただこうと、神さまの住まいである本殿が造られるようになって、太古からの信仰は忘れられていきました。でも、諏訪ではほかの地域で消えてしまった昔からの信仰が、しっかり残っているのです。

諏訪大社には、特別な経緯をたどった上社前宮を除いて、本殿がありません。上社本宮では、神仏習合時代に造られた拝殿の先、経文などを納めて御神体とされていた「お鉄塔《てっとう》」が撤去されたところに、その名も「神居《かむい》の森」が広がっています。太古から人々が祈りを捧げていた磐座の硯石《すずりいし》は、拝殿に向かって右手の山側に今も鎮座していて、二棟並んだ宝殿《ほうでん》の間にある四脚門《よつあしもん》《しきゃくもん》から正面に見える硯石を拝む、古式の参拝法を続けている人の姿もあります。

下社では、拝殿の奥に二棟の宝殿が並び、その奥に御神木がそびえています。秋宮はイチイ、春宮はスギ。共にみずみずしく緑が茂る常緑樹です。

そして。

諏訪では、国によって祭りが統一されても、7年目ごとに宝殿を造り替え、山から御神木を切り出し曳《ひ》いてきて社殿の四隅に建てる式年造営御柱大祭《みはしらたいさい》（御柱祭《おんばしらさい》）をはじめ、縄文時代に通じるような特殊神事が絶えることなく続いているではありませんか。

なぜ諏訪は特別なのか、諏訪市文化財専門審議会委員も務める渡辺先生は言います。

「諏訪は、祭祀者と為政者が同じ家から出ていて、領地を治めるのに神社がそのまま活用されてきました。神権政治のような形が続いてきたというのは、全国にまずありません。そういう意味で特別ですね」

中世以前の諏訪では、大祝《おおほうり》をトップに祭政一致の統治が行われ、近世江戸時代になっても同族が宗教権力と政治権力を握っていました。諏訪高島藩の藩主が大祝と同じ家系であることは後に詳しく書きます。

上に立つ人も祭政一致で神に頼り、一般の人々も神社にかける思いが強く、各地区の中心に神社がありました。神に対する距離が近いのは、御柱祭の盛り上がりを見てもわかります。

「今日からこれに代わったから今までのそれはダメと言われても、人々にはそういう強制力があまりかからないんですね。ダメな原因があれば別ですけれど。とにかく大事なものは捨てない。結局併存して、皆一緒に生きてしまうということなのだと思います」

「捨てる！」がもてはやされる昨今ですが、諏訪は「捨てない！」地。建御名方神を公式の神としていただきながら、太古からの信仰を捨てることなく、独自の道を進んでいることがわかってきました。

こうして見てくると、諏訪信仰は思いもかけないことばかり。知る面白さが加速度的に高まるばかりです。

でも、それを教えてくれるモトは、今まで近寄ったこともなかった古文書。今回、わたくしが知りたいことは『諏訪史料叢書《そうしょ》』として全6巻にわたって活字化されているので、ミミズのような筆文字を解読しなければならないわけではありませんが、それでも古文書は古文書。難しい漢字が延々と連なっています。漢文のようにレ点や一二点《いちにてん》といった返り点は付いているものの、句読点も送り仮名もほとんどないような、漢字の行列の中を行ったり来たりです。至る所にある当て字や誤字脱字は、パズルを解くがごとくで、昔言葉はわけがわからず。でも、そこにお宝情報がザクザク隠れているとなれば、読まないわけにはいられない。

まずは長野県立歴史館の古文書講座・初級コースに通い、怒濤《どとう》の勢いで流し込まれる解読のノウハウと宿題に溺れ死にそうになりながら、「あぁ、県民税を払っていてよかった」と感謝の日々。

なのに、歴史館館長の笹本正治先生は言いました。

「古文書で字を読むのは楽しいですよね。意味が取れるようになると面白い。でも、意味を取った次は何をやりたい？　歴史を知ろうとしたら、書かれていることは真実なのか、その後ろに何があるのか、それをきちんと解き明かして、時代の中に位置付けなければいけません。それを通じて、次の時代をどう作っていきたいかまで持っていくことが、学問として有効性を持つことでしょう。歴史学は、未来をつくる学問です」

いや、笹本先生、まだ全然よく読めないんですって。一気にそんなにハードルを上げられては、途方に暮れます。まずは、書かれていることを何とか理解できるようにならないと…。

「史料の文字面《もじづら》を理解すれば、歴史を理解できると思うのは間違いです。その史料が、誰に対して何を言っていることだから信用できるのか、できないのか。裏まで読まないで、何となくわかったような気にはなりたくないですね」

はい、史料は裏まで読め！　そこまでたどり着けるか甚だ心もとないですが、とにかく文字面を理解しなければ始まりません。

次の年は、上社の神職だった神長官守矢家《じんちょうかんもりやけ》に伝わる古文書を収蔵展示する茅野市神長官守矢史料館の学芸員・柳川英司さんが講師をしている古文書講座に通うことにしました。守矢文書《もんじょ》こそ、わたくしが読みたい史料であり、柳川さんはそれを研究しているプロ。月１回の講座の間にためておいた疑問に、あれこれ答えてもらえるといううれしい特典付きで、何とか意味が取れるようになるまで２年がかりです。

普段の言葉遣いまで「あらせ給え」「いたし候」と古文書調に染まりかけたところで、次は諏訪明神の化身とされた大祝について、古文書をひもといていきたいと思います。

しっかり読んでください！
建御名方神
古文書は楽しいね
研究者
あらせ給え
ふさこ
いたし候

Column 1

"気になる出雲"紀行

建御名方神の隠し球？

『古事記』の国譲り神話で、力比べに敗れた建《たけ》御《み》名《な》方《かた》神《のかみ》は諏訪に逃れてきました。

よりによってなぜ諏訪へ？　出雲（葦原《あしはら》の中《なか》つ国《くに》）と諏訪の間には、何かつながりがあったのでしょうか。

糸口を一つ見つけました。

昭和59年（1984）から翌年にかけて、出雲市斐川町《ひかわちょう》神庭《かんば》の荒神谷《こうじんだに》で銅剣358本と銅鐸《どうたく》6個、銅矛《どうほこ》16本がまとまって出土しました。「世紀の大発見」とか「日本の歴史を書き換える発見」とニュースになって、全国的に古代史ブームを巻き起こしたことを覚えている方もいるでしょう。この荒神谷遺跡を取り囲むように、建御名方神を祀る神社が6社あるというのです。なんだかゾクッときたわたくし。

荒神谷で出土した青銅器は、建御名方神が戦に敗れて逃げる時、再起のために隠したのではないかという説があるのです。

国譲り神話の力比べに敗れて諏訪まで逃げて、命乞いしたと書かれている建御名方神が、実は再起を期していたとしたら、信州人はがぜんうれしくなってしまいます。

早速、長野から北陸回りで新幹線と特急を乗り継いで約9時間、島根県出雲市にたどり着き、荒神谷遺跡に行ってみました。遺跡の一帯は史跡公園として整備されていて、古代ハスや古代米が一面に植えられた美しい田んぼが広がっています。

その横を通って狭い谷奥へと向かい、信州でもおなじみの谷間の山道を進むと、すぐに左斜面の中腹に発掘時の光景が再現されていました。銅剣（もちろん複製品）が４列に刃を立ててビッシリ、少し離れて銅鐸と銅矛（こちらももちろん複製品）も整然と寄り添うように並べられ、何かの意思を持って丁寧に埋められたことが伝わってきます。あれが建御名方神の隠し球か…。いやが上にも期待が膨らみます。

でも、荒神谷博物館の学芸顧問、平野芳英さんにやんわりと言われてしまいました。

「出土した青銅器は、弥生中期から後期にかけて鋳造されたものです。考古学をやっている側から見ると、神話の建御名方神の時代を無理やり弥生時代後半に結び付けても、その前後の関係をどう説明するのか、という問題が出てきますよね」

それに、出土した銅剣・銅矛は、武器ではなく祭器として用いられたものだったそうです。はぁ〜、希望的に神話と史実をつなぐのは問題ありですね。

「世紀の大発見」と言われた荒神谷遺跡。
発掘時の様子が再現された現場で、当時の感動を追体験

「梅原猛さんも、荒神谷の埋納について神話と考古学を結び付けられているので、そういう考え方が出てもおかしくないですし、それはそれでいいと思います」

梅原猛は『葬られた王朝 古代出雲の謎を解く』で、「スサノオ、オオクニヌシの出雲神話は弥生時代の話なのであろう」「この大量の青銅器は、稲佐《いなさ》の海に身を隠し、今は黄泉《よみ》の国の王となった、地下のオオクニヌシに贈られたものではなかろうか」と書いていました。

これだけの青銅器を、いつ誰が何のために埋めたのか。諸説あるものの明確な答えは見つかっていません。

建御名方神の隠し球説は胸に秘めつつ、荒神谷遺跡を取り囲むようにあるという建御名方神を祭神とする神社に行ってみることにしました。

出雲の諏訪明神

まずは荒神谷《こうじんだに》遺跡と同じ神庭《かんば》地区で、遺跡から北に1キロほどの所にある諏訪神社。

参道の石段脇にある由緒書に、「建御名方神《たけみなかたのかみ》が若い時、父の大国主命《おおくにぬしのみこと》に従い南方の大国山に上り、下方の学頭《がくとう》、神庭、荘原《しょうばら》、伊志見《いじみ》の地を統括し賜わる。これが後に氏社諏訪神社として祀る根源なり」とあって、創建は「文禄《ぶんろく》元年（１５９２）高瀬城主、米原平内兵衛が住民繁栄、五穀成就祈願のため神庭に諏訪神社を建立」。つまり、安土桃山時代に高瀬城主の米原氏が、武神として武将たちの信仰を集めていた諏訪明神（建御名方神）を逆輸入してお祀りしたのが、この諏訪神社の始まりということか。「御本社は信濃国諏訪郡諏訪上社」ともありました。

さらに「神庭村の中央より十四、五丁（約1・5キロ）奥なる神庭に鎮座。二百五十年前に現在の此之地《このち》に移る」というので、神庭谷にあったお社が、250年前に現在の場所に移ったのですね。

広々とした境内は手入れが行き届き、至る所に金婚記念や退職記念、白寿記念で氏子さんが奉納した石灯籠が立っていました。地域の氏神さまとして大事にされている様子が伝わってきます。

次は、神庭の諏訪神社から東に1キロほど、学頭地区にある諏訪神社へ。江戸中期の享保《きょうほう》2年（1717）に編さんされた地誌『雲陽誌《うんようし》』には、学頭の諏訪大明神として「勧請《かんじょう》年代分明《ぶんめい》ならず（迎え祀った年代は明らかでない）」「古老伝に云《いう》高瀬の城主米原氏の建立なり」とありました。やはり高瀬城主が勧請にかかわっている可能性…。

こちらも、境内は落ち葉一つないほど手入れが行き届いています。「学頭宮」とも呼ばれているらしく、学頭地区の氏神さまとして大切にされている感じです。

では次、神庭の諏訪神社とＪＲ山陰本線を挟んで向かい合う佐支多《さきた》神社です。境内の入り口に掲げられた由緒書の冒頭、神社名の下に「出雲国風土記に『佐支多社』と記されている」とあって、少なからず驚きました。これは大変な古社。でも、その続きは『古事記』の国譲り神話を紹介した後、建御名方神が諏訪に鎮座して崇敬され、「出雲では当社の主祭神として、五穀豊穣を祈る神として崇敬されている」と簡単に書かれているだけでした。

出雲らしく太くて立派なしめ縄がかかった拝殿にお参りしていると、右手に赤い鳥居が。行ってみると「御射山《みさやま》稲荷大神」が祀られていました。えっ、出雲で御射山!?　隣接地には「御射山自治会館」の看板がかかった建物もあります。神社の住所は荘原ですが、周辺は御射山という地区名のようです。

御射山というのは、諏訪の上社と下社がそれぞれ狩りを伴う重要な神事を行った地のこと。旧暦7月27日を中心にした御射山御狩《みかり》の神事は、中世にな

佐支多神社の境内に「御射山」の名が付いた稲荷社を発見。
諏訪につながる糸口が見える

ると鎌倉・室町幕府や武将たちの信仰と庇護を受けて、盛大に催されました。弓技や相撲などの奉納行事に参加した諸国の武将たちによって、諏訪明神の信仰が各地に広げられたのが、全国に諏訪社の多い理由と言われます。

またしても、高瀬城主の影がチラついてきましたが、ここは『風土記』に記されている古社のはず。『雲陽誌』を開いて、該当する神社を探してみると、荘原村に合併する前の上庄原村にあった社が「諏訪明神　健御名方命なり』。佐支多神社は、『雲陽誌』が編さんされた江戸中期、健（建）御名方命を祭神とする諏訪明神だったということですか。

武将たちによって領国に勧請された諏訪社の多くは、御射山御狩神事のハイライト7月27日を祭日にしていたといいます。上庄原の諏訪明神もやはりこの日が祭日です。

答えらしきものは、古代から中近世までの長期にわたる神社史を研究した『出雲国神社史の研究』にありました。上庄原の諏訪明神について、「ここでは明治以来これを『風土記』にいう佐支多社であるとしたため、今では表面上、諏訪色は覗《うかが》えないことになっているが、それでいてこの社を俗に『御射山さん』という慣行は残している」と記しています。

根拠はわかりませんが、ウチこそ所在不明になっている佐支多社であると名乗りを上げて、「諏訪明神」改め「佐支多社」と名乗るようになったのかもしれません。

御射山という言葉がここに残っていることには、「残念ながらその経緯を伝える文書・記録などは少しもないが、ただ今でも参道の両側には馬場の地形が残っていて、そこで弓引き神事を行ったという話は伝えられている」とも。諏訪と出雲、古代のつながりを探して荒神谷遺跡の周辺神社を巡っていたら、意外や意外、中世の武将によって結ばれたつながりが見えてきました。『出雲国神社史の研究』では、次のようにまとめています。

『雲陽誌』に見る諏訪明神には、その勧請伝承にも、また神事地名等の面にも本宮との繫がりがかなり顕著に残っている。そこでこれらを総合すると、出雲における諏訪神の勧請は、結局南北朝の末ごろから来住し出した武将によって行われだし、そして武将が勢いを得、いわゆる国衆化することによっていよいよ盛んになったものと考えることができよう。

（『出雲国神社史の研究』より引用）

出雲から逃れた建御名方神は、諏訪で武神・軍神として名を高め、鎌倉・室町幕府をはじめ、武将たちの信仰を得て出雲へ逆輸入され、祀られるようになっていったんですね。建御名方神が諏訪で立身出世して、故郷へ錦を飾って大切にされているようで、うれしい限りです。もっとも、氏子さんは祭神がだれという意識はなく、地域の氏神さまとして大切にしているのでしょうが。

出雲と諏訪は選ばれし地であった

出雲を歩きながら、思い始めました。国譲りの時に建御名方神《たけみなかたのかみ》が登場して、諏訪へ逃げたのには何らかの理由があるのではないか。島根県立古代出雲歴史博物館の学芸企画スタッフ、品川知彦さんに聞きました。

「大和朝廷に従うということで、国譲りという現象が出雲で起きたのであるならば、諸国でも起きたはずですね。恐らく諏訪にも同じような国譲りの話があったのかもしれない。日本の神話になる時に出雲を代表させて、最後に諏訪の伝承をくっつけたと見なせば、あまり無理な解釈ではないでしょう」

強大な力を持っていたと考えられる出雲が、国譲りの代表に選ばれたのはわ

稲佐の浜は、建御名方神が国譲りを迫る使者と戦った舞台。
敗れた建御名方神は、逃げに逃げて諏訪へ至る

かります。そこに諏訪がくっついて出てくるということは…。

品川さんは、出雲と並んで諏訪を代表させたということは、中央にとってそれなりに意味のある地であったのかもしれない、と言います。

「なぜかというと、建御名方神は、国譲りのほかは『古事記』に出てきていません。系譜上は大国主神《おおくにぬしのかみ》の子になっていますが、出雲の国譲りにくっつけた時に系譜上に入れただけかもしれない。そう解釈すれば、あまり矛盾がないのではないかと思

います」

『古事記』から遅れること8年、養老《ようろう》4年（720）に完成した勅撰の正史『日本書紀』には、建御名方神は全く登場しません。

朝廷は、諏訪を支配下に置くのに相当てこずったのでしょうか。いずれにしても、出雲と並んで諏訪が重要な場所であったと考えられるということですね！

前のめりのわたくしに品川さんは苦笑していましたが、わたくしにとって諏訪に対する新しい見方の可能性が開けてきました。

そういえば建御名方神の妻、八坂刀売神《やさかとめのかみ》がどんな神なのか、情報が少なくほとんど知られていません。

昭和5年（1930）に諏訪神社奉賛会が発行した『諏訪神社鑑《かがみ》』に、諏訪神社上之宮古伝として「天孫降臨の時32神の内、八坂彦命《やさかひこのみこと》の神女なり」とありました。天孫降臨とは、天照大御神《あまてらすおおみかみ》の孫が地上を統治するために天降《あまくだ》ってきたこと。その時に付き従ってきた天《あま》つ神の娘だったのです。

されば健御名方命が八坂戸売命を娶《めと》りたるは出雲を去りたる後の事であると同時に、諏訪大明神妃神の父神八坂彦命は我が天皇の御祖先と同く高天原《たかまのはら》民族の一人であったことを知るのである。

(『諏訪神社鑑』より引用)

建御名方神が国《くに》つ神を妻にして、反逆でも企てられては大変という、天つ神側の思惑が透けて見えるようではありませんか。やはり諏訪は朝廷にとって要注意の地だった、との思いが強くなるのです。

諏訪信仰の基礎知識②

諏訪氏の流れ

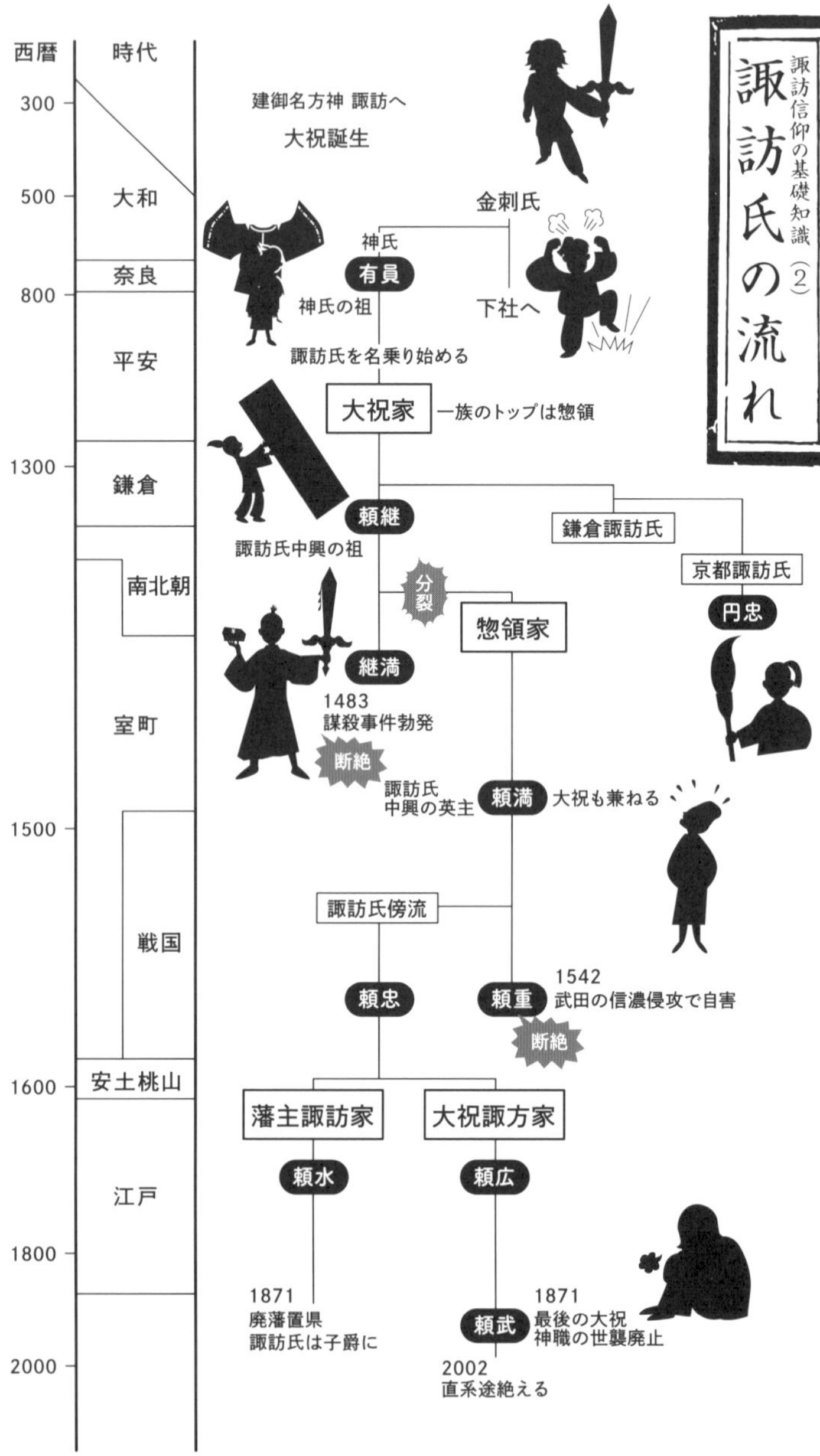

西暦
時代
300
500
800
1300
1500
1600
1800
2000
大和
奈良
平安
鎌倉
南北朝
室町
戦国
安土桃山
江戸
建御名方神 諏訪へ
大祝誕生
金刺氏
神氏
有員
神氏の祖
下社へ
諏訪氏を名乗り始める
大祝家
一族のトップは惣領
鎌倉諏訪氏
京都諏訪氏
円忠
頼継
諏訪氏中興の祖
分裂
惣領家
継満
1483
謀殺事件勃発
断絶
諏訪氏
中興の英主
頼満
大祝も兼ねる
諏訪氏傍流
頼忠
頼重
1542
武田の信濃侵攻で自害
断絶
藩主諏訪家
大祝諏方家
頼水
頼広
1871
廃藩置県
諏訪氏は子爵に
頼武
1871
最後の大祝
神職の世襲廃止
2002
直系途絶える

大祝《おおほうり》の巻

神さまだけど
神じゃなかった？

1　諏訪に現人神がいた

上社と下社はなぜ分かれたか

明治になるまで、諏訪社の上社と下社にいた最高位の神職を、それぞれ大祝《おおほうり》と呼んでいました。

神職は神に仕えることを職とする人のことです。でも、上社の大祝は違いました。神に仕えるのではなく、諏訪明神の化身。御神体とあがめられ、祈祷を受ける立場。諏訪には、現人神《あらひとがみ》（生き神）がいたのです。

なぜ上社の大祝だけが現人神とされていたのでしょう。下社の大祝はなぜ違うの？

そもそもなぜ上社と下社に分かれているのか、ぼんやり不思議に思っていたわたくし、上社と下社が存在する理由が知りたくてたまらなくなって、長野県立歴史館に文献史料課専門主事の村石正行さんを訪ねました。

「諏訪社がいつ頃成立したのかはわかりませんが、古代の諏訪社では金刺《かなざし》を姓《せい》とする一人の大祝が、上社・下社両方の祭祀を司っていたと考えられます」

えっ、元々は一体だったんですね。

「金刺氏が一括支配していた諏訪社が、いつ頃から上社と下社に分かれたかは諸説ありますが、意識的に上《かみ》と下《しも》に分かれて強調されるようになったのは、鎌倉時代中頃のようです」

上社と下社に分かれるとはどういうことでしょう。

「諏訪社が上社と下社に分かれたのはいつか、という問題意識があった歴史学者の郷道《ごうどう》哲章《てつあき》さんが、『長野県立歴史館研究紀要9号』に出された論文が面白いです」

その論文によると、平安時代半ば以降に武士化した金刺氏は、鎌倉時代の半ばに、一族の中に有力な分家が現れて分裂。湖を挟んだ南と北のお社は、それぞれ別の大祝によって祭祀が営まれるようになったと推測できるというのです。

「分裂した時に上社と下社と呼ばれ始めたわけではなく、後々そう呼ばれるようになったとしても、今で言う下社にあたる方の金刺氏が本家で、上社の方が分家です。鎌倉時代の中頃になると、上社の勢力が強くなり、下社を圧倒していきました。上社は、下社との対立関係の中で優位に立つために、新たな姓『神《みわ》』を作り出したと考えられます」

よりによって「神《かみ》」を名乗るとは。でも、本家の金刺氏が下社というのはおかしくありませんか。

「分家である神氏が、鎌倉に行って偉くなってしまったわけです。分家だから出られたということでしょう。鎌倉時代の中頃に諏訪盛重《もりしげ》という人が、鎌倉に出仕して執権《しっけん》北条氏の直接の家臣・御内人《みうちびと》として重く用いられます。鎌倉幕府の執権で信濃国守護《しゅご》でもあった北条氏をバックとして、神氏優位の新たな信仰形態を作っていったということだと思います」

本家をしのぐ権威を持つために、これ以上ないキラキラ姓を名乗り、幕府最高の実力者北条氏と結び付く！

金刺氏が本家としてゆったり出仕していたら、分家で出ていった人が鎌倉幕府の権威を背景にして、「我こそ神氏である」「上社である」と名乗ってしまったということです

金刺氏
ウチが本家なのに!
ドン!
ドン!
ドン!
下社
秋宮
春宮
諏訪湖
前宮
上社
本宮
鎌倉幕府
神《じん》氏=諏訪氏
分家なんて関係ないぜ!

ね。金刺氏は、気がついたら下社になっていた…。

「そうですね。諏訪信仰を、そういうふうに神氏が体系化してしまったわけです」

当然、金刺氏も黙ってはいないでしょう。

そういえば、諏訪大社に関する最古のまとまった史料とされる『諏訪信重解状《のぶしげげじょう》』は、上社大祝の諏訪信重が、上社と下社の本家争いで宝治《ほうじ》3年（1249）に鎌倉幕府に提出した上申書の控えです。「上社こそ本宮である」と、信重が「当社が本宮である条々」を詳細に訴えたものでした。

となれば、下社の金刺氏側の言い分も知りたいところですが、下社系の古い史料は失われてしまって存在しません。ですから、上社の史料から諏訪信仰を見ていくしかないのは仕方のないことなのですね。

分家が本家をしのいだ結果、上社が神氏、下社が金刺氏となりました。そして神氏は、地域の名前をとった「諏訪」の名字を名乗るようになっていくのです。

といっても、この「姓」の神と「名字」の諏訪、違いや使い分けがよくわかりません。『岩波日本史辞典』によると、姓は親族集団の呼び名で、名字は住んでいる場所の地名などに由来する家の名。有名どころで例えるなら、朝廷の最大勢力だった藤原氏は、姓が藤原で、その中枢にあった藤原五摂家《ごせっけ》の一条や二条、近衛《このえ》が、住む場所にちなんだ家の名字と理解できます。

上社の史料に詳しい神長官《じんちょうかん》守矢史料館の学芸員、柳川英司さんによると、「鎌倉時代以降の署名を見ていると、正式な文書には姓を書いているのがわかります」。普段は「諏訪」を使い、ここぞという時に「神」を名乗るという感じでしょうか。


上社の力が伸びていった鎌倉時代後半から南北朝時代の初めまで、神の姓は一種のブランド姓として人気が高まっていきます。多くの信濃武士は、諏訪明神を自分の領地に分社して諏訪上社の氏子となることで縁故を強調し、「神氏」を名乗るようになります。そうは言っても、親族集団の神氏とブランド姓としての神氏は別物ですよね。長野県立歴史館の村石さんに聞きました。

「信濃武士が神氏を名乗ったのは、諏訪明神と諏訪氏の力にあやかりたいからで、もともとの名字の後にミドルネームとして『神』という名前を入れるようになります。例えば、古代から続く東信濃の滋野《しげの》氏一族の望月《もちづき》氏や海野《うんの》氏も神を名乗っています」

滋野氏といえば、源氏の祖である清和《せいわ》天皇の子孫で、信濃の名族とされている一族では？　そんな皆さんでさえ名乗りたくなる魅力があったということですか。

「神を名乗ることが、武士の精神的なつながりにもなっていきます。鎌倉末期には、『神』を名乗る諏訪明神の氏子の『神党』という武士団も組織されていきます」

氏子であれば、その神社の祭りに奉仕するのは当たり前。信濃武士を上社の祭りに奉仕させ、精神的なつながりを利用した武士集団も組織したとすれば、神氏の手腕はお見事としか言いようがありません。

ちなみに、古文書では「諏訪」を「諏方」と表記することが多いのですが、この本では史料名以外は「諏訪」の表記で進めます。

神氏の始祖、有員登場

上社大祝《かみしゃおおほうり》はなぜ、諏訪明神の化身、現人神《あらひとがみ》となったのか。

鎌倉時代半ばの『諏訪信重解状《のぶしげげじょう》』では次のように説明しています。

大明神は諏訪に鎮座してから現人神として存在し、国家の安定は目前だった。大明神は隠居する時、「我に別の体なし。祝《ほうり》をもって我が体となすべし。我を拝したければ、祝を見るべし」と言って、「神」の字を祝の姓に与えた。

(『諏訪信重解状』より要約)

神さまも隠居するんですね、などと感心している場合ではありません。明神が「自分は引退するから、その代わりに神職最高位の祝を自分の化身として拝むように」と言ったとのこと。大祝は明神の「体《からだ》」なのだと、上社大祝は自ら書いています。そして、明神から神《じん》の姓を与えられたとも。

それから約100年後、南北朝時代半ばに大祝一族の諏訪円忠《えんちゅう》が編さんした『諏方《すわ》大明神画詞《だいみょうじんえことば》』(以下『画詞』)での説明は、幾つか違いがあるものの、さらに具体的です。

大明神が諏訪に鎮座した時、御衣を脱いで8歳の男の子に着せて大祝と呼び、

「我において体なし、祝をもって体とす」と言った。これが御衣祝有員《みそほうりありかず》で、神氏の始祖である。以後代々家督を継いで今に至っている。

（『諏方大明神画詞』より要約）

どちらにしても、明神が大祝を自らの「体」に指名したというのが、大祝＝現人神の始まりのようです。

そしてここで、神氏の始祖として「有員」が登場します。わずか8歳の少年であることの有員、いったい何者なのでしょうか。明神の化身としての大祝を輩出する諏訪氏を直系とする神氏一族の家系図である『神氏系図』（大祝家本）の後書きを見てみましょう。

諏訪大明神は、御名方富命神《みなかたとみのみことのかみ》（＝建御名方神《たけみなかたのかみ》）だと伝えられている。その子神である伊豆早雄命《いずはやおのみこと》の流れをくむ五百足《いおたり》の夢に大明神のお告げがあり、「汝《なんじ》の妻が身ごもっているのは男子で、成長したらこれに憑《つ》こうと思う」と言われた。妻にも同じ夢のお告げがあったので、出産後「神子《かみこ》」（ま

神氏系図

建御名方神―伊豆早雄命…五百足―神子―神代―弟兄子―国積―猪麿―狭田野―高取―生足―豊足―有員

諏訪明神
我が化身に
最初の化身はボクだよー
神子
有員

たの名を熊子《くまこ》）と名付けた。神子が8歳の時、大明神が現れて御衣を脱いで神子に着せ、「吾《われ》に体なし。汝をもって体となす」と言って身を隠された。この神子が御衣着《みそぎ》祝《ほうり》神氏《じんし》有員の始祖である。用明《ようめい》天皇2年（586）、神子は社《やしろ》を湖南の山麓に構えた。そして神子から神代—弟兄子—国積…と代を重ねて10代目が有員だ。

（『神氏系図』より要約）

おやおや。『画詞』では御衣を着せられたのは8歳の有員だったのに、大元でなくてはならない『神氏系図』では8歳の神子。有員はそれから10代も後だと言っています。なぜ、最初の神の化身である神子が出てくる『神氏系図』でさえ、神子ではなく、有員が神氏にとって特別な存在とされたのでしょう。

その理由と考えられることが、その次に書かれていました。

延暦《えんりゃく》20年（801）2月、征夷《せいい》大将軍の坂上田村麻呂《さかのうえのたむらまろ》が天皇の命令で蝦《え》夷《ぞ》を攻めた時、有員は幼くしてこれに付き従った。有員には不思議な力がたくさんあったので、味方の兵士たちは有員を「神兵」と呼んで尊敬した。大明神のお告げもあり、有員はついに賊の首を得て将軍に送った。将軍はその不思議な力に感動し、都に帰って桓武《かんむ》天皇に報告した。そこで天皇は、大明神の社を大きくし、諏訪郡を神領にして年中七十余日の神事の必要経費にあて、寅《とら》と申《さる》の年に一国の貢税《ぐぜい》課役で式年造営をするように命じた。そして有員を大祝とし、これを御衣着祝と言った。御衣着は神体のことを言う。

（『神氏系図』より要約）

つまり有員は、坂上田村麻呂の蝦夷征討で活躍し、桓武天皇の覚えがめでたかったから、神氏の初代になれたということですね。特別な存在になるには、天皇のご威光が重要だったということでしょうか。

室町時代に作られた『神氏系図』。ここで参考にした「大祝家本」は、『諏訪史料叢《そう》書《しょ》』の解説によると「神氏系図の異本」であり、「明治初年に写された」時に手が加えられているようです。

いずれにしても、上社大祝が建御名方神の子孫であることを記した後書きから見えてくるのは、軍神としての神性と朝廷とのつながり。この二つを、朝廷や権力者、そして一般の人たちにアピールしたかったのかもしれません。

結局、有員とは何者？　と首をかしげていたら、その出自を書いた驚きの文書を見つけました。上社の神職、神長《じんちょう》を世襲してきた守矢家に伝わる『大祝即位伝授書《おおほうりそくいでんじゅしょ》』です。


桓武帝第五の皇子が平城帝《へいぜいてい》の時代、大同《だいどう》元年（８０６）に御表衣祝《みそぎほうり》有員となった。即位式で極位法《ごくいのほう》を授け奉ったのは神長清実《きよざね》で、十三所行事《じゅうさんしょぎょうじ》も行った。その後有員はもろもろの祭りを行った。有員には嫡子員篤、二男有実、三男有勝の３人の御子がいた。仁和《にんな》２年（８８６）に御表衣大祝有員は、87歳で御射山《みさやま》の大四御庵《おおよつみお》で頓死。

（『大祝即位伝授書』より要約）

神氏自らの『神氏系図』では、有員の活躍が桓武天皇のお耳に達したと書いてある程度なのに、こちらはいきなり桓武天皇皇子説で、びっくり仰天です。

有員皇子説の真偽はさておき、有員は仁和2年、旧暦7月27日を中心に行われた御射山御狩《みかり》の神事の最中に急死したと考えられます。実際、諏訪郡富士見町にある御射山社の境内には、時代を感じさせる有員の墓がありました。有員が87歳まで現役バリバリの大祝だったとは考えにくいのですが、有員の後を継いだ長男の員篤が仁和3年（887）4月5日、大祝に即位したとあります。

有員の館は、諏訪市四賀普門寺《ふもんじ》地区の、その名もミソギ平（御社宮司平《みしゃぐじだいら》）にあったと伝えられています。そこは赤津川の扇状地で日当たりもよく、正面前方に前宮、右手前方に本宮という位置関係。ミソギ平にほど近い山ぎわには、「大祝家の祖有員親王」を祭神とする御曽儀《みそぎ》神社も鎮座しています。

地元の『四賀村誌』では、明治維新まで新しい大祝が即位する時は、必ず報告のため御曽儀神社に参拝に来たと言われていることや、都から有員親王のお供をして来た人の子孫は籬《まがきの》太夫《たゆう》とか御曽儀太夫と呼ばれ、代々神職を勤め、御曽儀神社の近くに住んでいたことを記しています。

しかし、というか案の定というか、こうした有員の伝承について手厳しい見解を示しているのが、平成7年（1995）に発行された現代の書『諏訪市史』です。

普門寺集落の中程に御社宮司平と呼ばれる地がある。諏訪神氏の祖有員の館址と伝承され御曽儀平とも呼ばれ、神聖なる地として古来糞便を用いず、地形の変更や建物の構築もなく現在に及んでいるが、史実として考えることは困難である。即ち有員親王は桓武天皇の第六皇子となっているが、皇室系図には全く見当らない。また入諏の時普門寺に入居とされているが、八世紀末に普門寺があったとはとても考えられず、弘仁《こうにん》三年（812）に坂上田村麻呂が宮館を建造してお移ししたというが、田村麻呂は前年の弘仁二年に既に死亡している。

（『諏訪市史』より引用）

『諏訪市史』は、御社宮司平の館も、桓武天皇の皇子説もあり得ないと書いています。

結局、有員は伝承の霧の中に住む人でした。

現人神になるための3ステップ

神《じん》氏の始祖有員《ありかず》の館がどこにあったか定かではありませんが、中世に大祝《おおほうり》が住んでいたのは、神原《ごうばら》と呼ばれるエリアだったのは確かです。神原は、前宮の横を流れる水《すい》眼《が》川の扇状地の下の方に位置します。神原に神殿《ごうどの》と呼ばれる屋敷があって、現在、社務所のある場所が神殿のあったところと推定されています。神殿の周囲には、それに付属する多くの建物が軒を連ねていました。中世の上社は、神原に大祝の住まいがあり、本宮に諏訪明神の御座所があって、双方で重要神事が繰り広げられていたようです。

現人神《あらひとがみ》たる上社の大祝になるためには、神氏の直系である諏訪氏かその一門の出身でなければなりません。

大祝の位に就くことを職位《しょくい》とか即位、極位《ごくい》と呼んでいて、上社にとって神事の中でもとりわけ重要だったのが、大祝の即位式でした。何しろ神の化身になるのですから。明神の神性を受け継ぐ現人神を輩出する神氏の直系とはいえ、現人神になるための即位式、いったいどんなことをしたのでしょう。

南北朝時代から戦国時代にかけての即位式の様子は、式を取り仕切った上社の神職、神長《じんちょう》の守矢氏が記した『大祝職位事書《おおほうりしょくいことがき》』に詳しく描かれています。それによると、重要なのは御衣を着せられる儀式と「社例」という秘法を授けられる儀式、13の社へ参詣する「十三所行事」の三つでした。最古の記録で、建武《けんむ》2年（1335）に諏訪頼継《よりつぐ》が7歳で即位した時のものを見てみましょう。

即位式は神殿の西にある鶏冠社《けいかんしゃ》で行われます。ヒイラギの木の下に石があり、その石の上に葦《あし》を敷いて、神長が新大祝に特別な装束を着せます。

この「御衣」を着せられることが、大祝になるための条件の一つ。『諏方大明神画詞《すわだいみょうじんえことば》』（以下『画詞』）にも、「諏訪大明神が御衣を脱いで8歳の男の子に着せて大祝と呼んだ」とありますが、その伝承を再現する「御衣着《みそぎ》の儀式」が、神格を与えられる第1ステップなのです。

装束が整うと第2ステップで、神長が「社例」を授けます。社例とは、四方を拝して呪《じゅ》を唱え印を結び十字を行ずる秘法のことで、「極位の大事」と言われること。

第3ステップは、本宮や神殿での重要神事を挟みながら、上社に付属する神社（摂《せっ》社末社《しゃまっしゃ》）のうち特にかかわりの深い13の社へ参詣する「十三所行事」です。13の社には、もともと土地神が祀られていたと考えられていて、それぞれの社でも神長が秘法を授けたり、祝詞《のりと》をあげたりするのです。長野県立歴史館の村石正行さんはこれを、「外来神と在地の神の融合」だと指摘します。

「諏訪明神は外来の神で、それが大祝神氏（＝諏訪氏）の起源になっている一方で、神長守矢氏の起源は在地の洩矢神《もりやのかみ》です。諏訪信仰は外来神と在地の神の融合の信仰と言えるのです。新大祝が諏訪明神の現人神になる過程で、これらの在地の小さな神々を自分の体に受け入れていき、最終的に一体化することで、即位式が完了するというのが通説です」

なるほど。外来の神と在地の神が合体してこその諏訪の現人神、という解釈ができるのですね。だから、あいさつ回りが必要なのかもしれません。『諏訪市史』でも「地主神に対する大祝のあいさつとみられる」としています。

こうして「御衣着の儀式」と「社例」と「十三所行事」の3ステップを踏んで、初めて新しい大祝が誕生します。頼継の即位式の締めくくりには、「末代までこの旨を守るべきものなり」と記されていました。

現人神となった大祝には、明神とのつながりを確認するような神事もあります。それは、神原の中心であるお社、内御玉殿《うちみたまでん》に収められていた御神宝を使う神事です。御神宝は、神氏にとって三種の神器のようなもので、『諏訪信重解状《のぶしげげじょう》』では「御神宝物事」として、次のように書いています。

大明神が天降《あまくだ》りの時に携えられてきたものに、真澄鏡《ますみのかがみ》と八栄鈴《やさかのすず》並びに唐《から》鞍轡《くらくつわ》などがある。御鏡は数百年の間曇りなく、鈴はその音変わりなし。毎年二度、大祝が真澄鏡に向かい八栄鈴を振り、天下泰平の祈願をする。鞍轡などその色を損ぜず。

（『諏訪信重解状』より要約）

STEP 1
御衣を着せられる
神長
ふわり♪
新大祝
STEP 2
神長
取扱注意
秘法を授けられる
新大祝
STEP 3
合体!
十三所行事
カシャ!
土地神
土地神
新大祝
カシャ!
カシャ!
カシャ!
土地神
土地神
土地神
土地神
土地神
カシャ!
土地神
カシャ!
土地神

大祝が鏡に向かって鈴を振り、天下泰平を祈っていたのは年に二度、3月巳《み》の日と9月下旬の寅《とら》または申《さる》の日の祭りです。中世は、干支《えと》で祭日を定めていたのですね。『諏訪市史』によると「この行為は、鏡を通して祭神に接し、鈴の音で神の声を聞き、大祝の神性保持と霊魂再生のための行為と考えられる」とのこと。

『画詞』の祭の部、3月巳の日にも、「夜に入って大祝が内御玉殿に詣で、宝殿を開いて神宝を出す。諸人競って拝見す。八栄の鈴、真澄鏡、御鞍轡なり。鏡には、氏人のほか影を映さず」と書かれていて、明神と氏人（神氏）の絆を確認する意味もあったようです。

大祝には、なったらなったで厳しい禁忌《きんき》がありました。

その一つが、諏訪郡外へ出てはならないという「郡外不出の禁」。これは「諏訪明神垂迹《すいじゃく》以来のならい」とされること。建御名方神《たけみなかたのかみ》が「この地からよそに行きません」と言って諏訪に鎮座した神話とのつながりでしょうか。でも、武士の時代になっていくと当然、諏訪の中だけで話はすまなくなっていき、大きな縛りになっていくのです。

そしてもう一つの縛りが、人馬の血肉に触れず、死の穢《けが》れを避けるという「清浄保持」。穢れにあえば大祝の位から下りてもう一度即位し直したり、新たな大祝を立てたりしました。大祝の言葉は、明神の言葉とみなされる神聖なものなので、大祝の清浄を保つことで神聖さが保たれたのでしょう。

2 武士の時代の大祝

武士としての諏訪氏

諏訪明神の化身で現人神《あらひとがみ》たる上社の大祝《おおほうり》を擁して、諏訪の地はもちろん信濃国内に君臨していった神《じん》氏。その中でもやはり諏訪氏は別格で、大祝を出すことができる有《あり》員《かず》直系の家系は「大祝家」と呼ばれ、特別な立場にありました。少年時代に大祝を務めた後に位を下りた者がそのまま政治権力を握り、祭政一致の支配者となっていったのも当然のことかもしれません。大祝家は上社の祭祀と政治権力を握っていたのです。

武士が台頭する時代になるにつれて、諏訪氏をはじめ一族の武士化も進みました。大祝家ひいては一族のトップは「惣領《そうりょう》」と呼ばれ、大祝経験者が多く惣領になっていきます。そして、一族を率いて戦の指揮を執ったり、領地の経営にあたることに重きが置かれていくのです。

大祝家が武士化していく様子は、神氏一族の家系を記した『神氏系図』からも読み取れます。有員から数えて16代目の大祝の諏訪為仲《ためなか》について、その2代前の頼信《よりのぶ》の添え書きに注目してみましょう。

> 有員以来、頼信に至る14代の系図並びに代々受け継いだ勅裁《ちょくさい》文書はじめ証文などは、為仲が奥州に出向く時、舅《しゅうと》で信濃権守《ごんのかみ》の伊那馬大夫のもとに預けられたままなくなってしまった。結局、有員と頼信の間の14代の名前などがわからないので、頼信から記す。
>
> （『神氏系図』より要約）

為仲が奥州に出向いたというのは、源氏の八幡《はちまん》太郎《たろう》義家《よしいえ》に後三年《ごさんねん》の役《えき》（1083～

87）への従軍を誘われたことを指します。大祝には当然「郡外不出の禁」があるわけで、父で前大祝の為信が行かないように強くいさめたと『諏方大明神画詞《すわだいみょうじんえことば》』に書いてあります（213p参照）。にもかかわらず、為仲は禁を破って出かけ、途中で仲間内のトラブルに巻き込まれて自害することになりました。神罰とされる不慮の死です。

為仲は、出禁のタブーを犯したのがそもそもの大失態。さらに一族の系図はじめ代々の重要文書を持って出たのが第2の大失態。しかもどこの馬の骨とは言わないまでも、舅の馬大夫にその重要文書を預けたというトリプル大失態。子孫は「何ということをしてくれたのだ」と怒り心頭です。この重要文書紛失事件は『諏訪信重解状《のぶしげげじょう》』（以下『解状』）にも「奥州へ下向するにあたって上洛の時、両社の文書を携帯して行き、美濃国で不慮の死を遂げたので紛失させてしまった」と書かれていました。

そんな事件がありながらも、諏訪氏の武士化は着々と進みます。

鎌倉時代に入ると、諏訪氏は幕府と朝廷が戦った承久《じょうきゅう》の乱（1221）に出陣、抜群の戦功をあげます。『諏訪市史』などによると、大祝の盛重《もりしげ》は長男の信重を参戦させ、信重と家臣たちが手柄を立てました。これをきっかけに諏訪氏は大きく勢力を伸ば

ちょっと行ってくるわ
大祝為仲
父為信
諏訪郡から出てはならぬ
家来
諏訪郡の外

します。

大祝を引退した諏訪盛重は鎌倉幕府に出仕しました。盛重が執権《しっけん》北条氏の側近となって日本の政治の中枢にかかわるようになると、北条氏は、軍神として知られた諏訪明神を信仰し、手厚く保護。大祝家に近い諏訪氏の一族の中からは、鎌倉に出て北条氏に仕える者が多くなり、鎌倉諏訪氏として栄えます。

承久の乱で活躍した信重は、盛重の跡を継いで大祝になります。信重といえば…そう、下社に対して「上社こそ本宮だ」と幕府に上申した『解状』の信重です。確かに上社、力をつけて幅をきかせていたんですね。

ところが正慶《しょうけい》2年（1333）の鎌倉幕府滅亡の際、鎌倉諏訪氏は激戦に身を投じて、ほとんどが殉死してしまいます。けれど、一族の諏訪盛高《もりたか》が14代執権北条高時《たかとき》の二男時行《ときゆき》を預かって鎌倉を脱出し、諏訪へ。諏訪の大祝家は時行をかくまいます。

そして建武《けんむ》2年（1335）、惣領の諏訪頼重《よりしげ》は息子の時継《ときつぐ》とともに、幕府復活を目指す北条時行を擁立して中先代《なかせんだい》の乱を起こします。大祝だった時継は、その職を7歳の息子頼継《よりつぐ》に譲って出陣。諏訪氏は一族を挙げて鎌倉に攻め込んで奪還したものの、足利尊氏《あしかがたかうじ》に攻められ、諏訪頼重はじめ一族43人は自害。鎌倉諏訪氏に続いて、諏訪氏嫡流の大祝家も壊滅状態になりました。

諏訪氏の名前が全国にとどろいたとはいえ、諏訪に残されたのは7歳の大祝頼継だけでした。

諏訪氏の二大スター、頼継と円忠

壊滅状態になった鎌倉諏訪氏の中で、生き延びた人がほかにもいました。たびたび登場している『諏《す》方《わ》大明神《だいみょうじん》画《え》詞《ことば》』（以下『画詞』）の作者、諏訪円忠《えんちゅう》です。

『画詞』で円忠は、残された7歳の諏訪頼継《よりつぐ》の窮状を次のように記しています。


大祝《おおほうり》頼継は、建武《けんむ》2年（1335）8月の大乱で父祖一族が朝敵になってことごとく滅んだ後、従者たちと宝殿《ほうでん》で命を絶つべきか相談したが、神のお告げがあって諏訪郡内の原山に隠れた。八ヶ岳山麓の神野《こうや》という御狩場《みかりば》だ。大祝には郡外不出の重禁があるので郡内から出ることもできず、進退極まり、身を隠す所もないと思い詰めていた。

頼継は大祝から下ろされ、一門の藤沢政頼《まさより》が大祝を拝任した。嫡流から1代外れているだけでも凡人だと大祝にはなれないはずなのに、政頼は庶流となって既に10代も経っている。故実を知る者は、神慮に背くことだと非難したが、嫡流に適当な人がいないのでどうしようもなく、政頼を大祝にと朝廷の裁定があった。

そこで即位式を行おうとしたら、死人が現れたり、精進用の器が盤の上を躍り上がって破裂したり、神慮に背いた前兆が現れた。人々はこれを恐れてためらったが、政頼は神殿《ごうどの》に移り住んだ。

一方、7歳の頼継が隠れ住んだ場所は、原山を見下ろす山岳で、壮年の従者4、5人で大敵を防ぎ返した。朝夕の煙火は目立つので、穴を掘って火を見せないようにし、真夜中になって食事をするようにして、ようやく身命をつないでいた。

（『諏方大明神画詞』より要約）

朝敵の子孫なので救ってくれる人もなく、頼むべき人もいなかった頼継は、大祝の位を取り上げられてしまいました。代わって大祝になったのは、直系から分家して10代も経った藤沢政頼。『画詞』からは、即位式に神罰らしきことが続けざまに起こったことがわかります。

中先代《なかせんだい》の乱で引退し、いったん諏訪に戻っていた諏訪円忠は、この危機を目の当たりにしていたはずです。円忠は、大祝の権威と正統性を重んじていたので、分家して10代も経た大祝なんて許せなかったに違いありません。

いえ、それどころではありません。歴史学者の中澤克昭さんは、『系図が語る世界史』の「神《じん》を称する武士たち」に、「円忠は、中先代の乱で『朝敵』となった諏訪嫡流の再興のために活動し、尊氏《たかうじ》のもとで諏訪頼継の大祝復職にこぎつけている」と書いています。『諏訪市史』にも、円忠が「嫡流家再興のために尊氏に愁訴《しゅうそ》したとみえ、頼継の大祝復職に成功している」とあります。愁訴なんて聞き慣れない言葉ですが、嘆き訴えること。円忠はどう愁訴したのでしょう。

『画詞』では、頼継の復位について「国家の安否は当社の神体（大祝）にかかっているとして、信濃と甲斐《かい》の両国の守護《しゅご》が武家（尊氏）の味方として当郡に押し寄せてきて、政頼を追い落とし、頼継を探し出して大祝職に立てた」と書いていました。尊氏に招かれて出仕した円忠は、何はさておき尊氏に「国家の安否は当社の大祝にかかっているのです！」とかき口説いたのでしょうね。諏訪の大祝をないがしろにしてはいけないと、分家の円忠が大活躍。

大祝を追われて4カ月後の建武3年（1336）正月、苦難の逃避生活を送っていた頼継は、信濃国守護の小笠原《おがさわら》氏《し》と甲斐国守護の武田氏のバックアップで大祝に復位します。

この年、南朝と北朝が分立して、南北朝の対立抗争が激化していきます。信濃中先代の乱で生き残った北条時行《ときゆき》は、南朝方について各地を転戦していました。信濃に入って諏訪氏の地盤で再起を図ろうとした時行に味方した頼継の大祝家も、南朝方となります。そのため、逃避生活から頼継を救ってくれた北朝方の小笠原氏とは、以後長く敵対関係となってしまいました。

足利尊氏の秘書官だった諏訪円忠も、いくら足利氏の下で諏訪社と大祝家の権威を再び高めようと頑張っても、肝心の諏訪の本家が南朝方について北朝の足利氏に対抗していては、立つ瀬がありません。どんなに悩ましかったことでしょう。

諏訪本家
諏訪氏の大黒柱
頼継
ボ・ボク がんばる…
円忠
ワシが なんとか せねば
京都分家
諏方大明神画詞
諏訪明神はすごいよ!すごいよ!すごいよ!すごいよ!すごいよ!すごいよ!すごいよ!すごいよ!すごいよ!すごいよ!すごいよ!すごいよ!すごいよ!すごいよ!
こんなお祭りやってます。やってますやってます。やってます。やってます。やってますやってます。やってます。やってます。やってますやってますやって

12歳の大祝頼継が北条時行の味方をした話が、59代神長《じんちょう》守矢貞実《もりやさだざね》の『守矢貞実手記』に残されていました。

暦応《りゃくおう》3年（1340）6月24日、北条時行殿が信濃国伊那郡の大徳王寺《だいとくおうじ》城《じょう》に立てこもられた。大祝頼継は、父祖が北条氏に忠節を尽くしたことを忘れ難く、時行殿に味方して大徳王寺城へ駆け付けて立てこもった。これに対して信濃国守護の小笠原貞宗《さだむね》や府中（松本）の御家人は、26日に大徳王寺城に攻め寄せた。

（『守矢貞実手記』より要約）

頼継は、大徳王寺城の戦いで善戦したものの、北朝の援軍が大勢来たのに対して、時行軍には味方する者がなかったため、次第に勢力が失われていきました。その年の10月23日夜、大徳王寺城は落城。頼継は諏訪に帰ります。

でも、ちょっと待ってください。大祝の頼継が、伊那郡にある城に駆け付けて戦ったんですよね。大祝の「郡外不出の禁」や「清浄保持」はどうなったの？
再び『守矢貞実手記』です。

頼継は、大祝神職の身で負傷者や死人と交わったことは非例だ。とはいえ父祖への賢慮は二つとないものである。故に疑念のある者は、神長の授ける神道の秘法を見るがよい。この旨をもって頼継は21日間の勤行《ごんぎょう》をし、種々の秘印を結ぶのに十三所参詣をして、神長のたすけで頼継は非例を清算した。

（『守矢貞実手記』より要約）

大祝頼継は、「死の穢《けが》れ・血の穢れに触れてはならない」という清浄保持の禁忌《きんき》違反を「神長の秘法」によって清算して、大祝を続けたということですか。もはや禁忌違反による神罰よりも、武士としての争いの方が重要な時代になったのでしょうか。この文書の書きっぷりには、神長守矢氏のお役目自慢が漂っているのも感じてしまいます。

頼継は18歳になった貞和《じょうわ》2年（1346）に大祝の位を下りて、諏訪氏の惣領《そうりょう》となります。

南北朝の争乱の中で、信濃国の南朝方の主将となって戦う頼継は、『神氏系図』の注記に「頼嗣《よりつぐ》と改め、また頼定《よりさだ》・直頼《なおより》」とあり、仏門に入って普寛という法名だったともあります。名前の変化は、幾多の苦境を乗り越えた証でしょうか。

頼継は、足利尊氏と対立した弟の足利直義《ただよし》と結んで信濃国内外で奮戦し、直義亡き後は宗良《むねよし》親王を奉じて戦いました。宗良親王は後醍醐《ごだいご》天皇の第8皇子で、伊那郡大河原（下伊那郡大鹿村）を拠点とし、「信濃宮」と呼ばれた南朝の中心人物です。でも、その戦いは敗退に次ぐ敗退。頼継は、衰退が進む南朝方からいつの間にか北朝方に変わって、延文《えんぶん》4年（1359）に2代将軍足利義詮《よしあきら》が後村上《ごむらかみ》天皇を討とうとした河内《かわち》観心寺《かんしんじ》攻めに加わっていました。

明徳《めいとく》3年（1392）、南朝と北朝は合体して南北朝の内乱は終わります。

頼継は、南北朝時代を戦い抜いて諏訪氏中興の祖となりました。

といっても、手放しで喜んではいられません。長野県立歴史館の村石正行さんは言います。

「南北朝の内乱で、諏訪氏は一時南朝方のドンになりますが、どんどん下降線をたどります。諏訪氏の凋落《ちょうらく》で、信濃国内で神《じん》姓を名乗る武士が激減し、信濃におけるブランド姓は消滅してしまいました」

ブランド姓は、ひと時のきらめきでしたか。

「でも、神姓が消えてしまったかというとそうではなく、円忠を始祖とする京都諏訪氏が神姓を名乗り続けます。京都諏訪氏は、室町幕府の中で足利尊氏から最後の15代将軍まで、ずっと奉行人《ぶぎょうにん》という事務官僚の家として続いた珍しい家で、幕閣内で諏訪信仰の拡大に努めました」

本家嫡流を何とかしなければと奮闘し続けた円忠は、ついに京都諏訪氏の始祖になったんですね。円忠、分家なのに子々孫々に及ぶまで、何という諏訪氏愛、諏訪社愛。まさに諏訪氏の救世主です。

一方、諏訪氏中興の祖・頼継の嫡男、信員《のぶかず》は大祝を継ぎませんでした。『神氏系図』の注記には「子細があって大祝の職を継がず、伊那郡に住んで高遠信濃守《しなののかみ》となり、その子孫が高遠に続いている」とあります。「高遠は鎌倉時代には諏訪社の神領であり、南朝方の勢力を確保し、更に南方へ勢力を伸張する上からみても、極めて大事な存在であったので、頼継はあえて惣領の信員を高遠に配したとみるべきであろう」というのが地元『高遠町誌』の見解です。信員の子孫は高遠諏訪氏として高遠に続き、後に諏訪氏惣領の命運を左右することになるのですが、それはまた後のお話。

大祝が起こした大事件

南北朝時代から室町時代、そして戦国時代へと、全国的に軍事的な緊張が続く時代になると、諏訪の上社では現人神《あらひとがみ》たる大祝《おおほうり》と一族のトップである惣領《そうりょう》の二重構造が強まっていきました。その結果、「宗教的な権力を持つ大祝家と、政治的な権力を持つ惣領家に分かれたと考えられる」と、諏訪市教育委員会は『戦国時代の諏訪』の中で指摘しています。

この分裂に伴って、大祝の在位期間が長くなります。それまでだったら、大祝の位から下りて惣領になり、力を振るっていたはずが、大祝では世俗の権力のないまま。当然、大祝は権力志向を高め、惣領に対抗するようになります。抗争勃発です。

そしてとうとう文明《ぶんめい》15年(1483)正月8日夜、大祝の継満《つぐみつ》が、惣領家の一族を謀殺する大事件を起こします。

継満の即位式を取り仕切った60代神長《じんちょう》の守矢満実《みつざね》が書き留めた『守矢満実書留』によれば、大祝継満は惣領家の人々を神殿《ごうどの》に招待して宴会を開きます。やって来たのは惣領の政満《まさみつ》、嫡男の宮若丸《みやわかまる》14歳はじめ一族十余人。諏訪の地の有力者で、諏訪氏の一族でもある矢崎氏や有賀氏たちは、喪中を理由に欠席でした。しかし実は、大祝継満の意を受け、武装して縁の下に隠れていたのです。

惣領家の人々は1日中、大祝継満に酒を勧められ、たっぷりともてなされます。すっかりいい気持ちになった惣領家の面々が酔いつぶれたところで、大祝継満はいよいよとばかり、縁の下の矢崎氏らに合図をし、惣領家一族を皆殺しにしたのです。

なんと、現人神の大量殺人! この惨状を目の当たりにした神長満実は、嘆き憤りながら次のように記しています。

神殿を葬地墓所にして、死人が切り伏せたまま置かれ、我が身を血まみれにして死人の間に立っている有り様は、当社の大祝殿とは言い難い。当社は慈悲正直を神例としてきたのに、ただただ無理非道に罪のない方々を切り伏せたままにしておくのは目も当てられない。浅ましき次第だ。大祝殿が仁義礼智信に背かれるとは、末代まで外聞口惜《くちお》しき次第だ。

（『守矢満実書留』より要約）

諏訪氏中興の祖とされる大祝頼継《よりつぐ》が、「死の穢《けが》れ・血の穢れに触れてはならない」という大祝の禁忌《きんき》を破った時は、〝神長の秘法〟という奥の手がありました。しかし、神長自身が「末代まで外聞口惜しき次第」と書くような大事件、許されるはずはありません。

惣領家の一族や神職の怒髪天《どはってん》を衝《つ》くような怒りを買った大祝継満は、神殿にいられなくなります。逃げ込んだ先は、大祝家がおさえていた前宮近くの干沢《ひざわ》城。それも、2カ月も経たない2月19日に、大祝家の味方だったはずの人々も加わった討手に攻められて落城。次は、妻の兄にあたる高遠諏訪氏の継宗《つぐむね》を頼って、高遠へ逃れます。惣領家と大祝家の争いは、諏訪郡内一円に及ぶ大乱《たいらん》に発展します。あちこちで火の手があがり、多くの人々が家を焼かれて散り散りになりました。

さらには3月19日、上社の内乱に乗じて、とんでもないところから弾が飛んできました。下社の大祝、金刺興春《かなざしおきはる》が高遠へ逃げた大祝継満の味方となって上社方を襲撃してきたのです。久しぶりに下社大祝の登場ですね、などとのん気に言ってはいられません。鎌倉時代半ばから、上社の勢力に圧倒され続けてきた下社。南北朝時代の下社は、当初、上社の傘下にあったのに、自立を図っていち早く北朝幕府側に回ってしまい、「これが後年激しくなる下社と上社との対立の端緒とみてよいだろう」というのが、『諏訪市史』の見立てです。

3年前の文明12年（１４８０）には、2月と3月の二度にわたって上社のお膝元に下社の暴徒が現れ、放火・略奪を行い社家や住民が甚大な被害を受けるという騒動もありました。騒動を起こしたのは、下社大祝の金刺興春や下社領の者だったとのこと。上社大祝が大量殺人なら、下社大祝は放火・略奪。どっちもどっちの極悪ぶりです。

上社の内部抗争に下社大祝の興春は、チャンス到来とばかり、乗るかそるかの大勝負に出ました。

しかし、反撃に出た上社方はあっさり興春の首を取り、本宮近くの大熊城に2日間さらした上に、21日には勝ちに乗じて下社へ攻め込み、社殿を焼き捨ててしまうというあっけなさ。下社は焼け野原となってしまいました。

そんな下社へ追い討ちをかけるように、松本の小笠原長朝《おがさわらながとも》が上社に味方して攻め入り、下社の領地である小野・塩尻を押領《おうりょう》してしまうという、どさくさ紛れの大混乱です。聖なる現人神・大祝の話を書いていたはずなのに、権謀渦巻き、血で血を洗う戦国武将も顔負けの合戦絵巻。大変な穢れの中で、この文明15年は3月から戦乱が収まる年末まで祭礼はほとんど行われず、神社にとって非常事態の大ピンチとなったのです。

大祝の身で非道な謀殺事件を引き起こし、諏訪を大混乱に陥れた継満の、その後はどうなったのでしょう。さぞやすさまじい神罰が下ったことかと思えば、その後の展開は、まさかまさかの連続です。

諏訪の大混乱には、もう一つ要因がありました。小笠原氏と諏訪氏の関係です。『諏訪市史』によると、小笠原氏は甲斐《かい》国小笠原（山梨県南アルプス市）出身の源氏

大量殺人
フッ
フッ
フッ
大祝継満
横領
¥
許せん！
神長
無念…
伊那小笠原氏
オレも行く！
惣領政満
助太刀いたす！
府中小笠原氏
今がチャンス！
下社金刺氏
高遠諏訪氏
ワシこそ惣領の末裔！

で、鎌倉時代末期には執権《しっけん》北条氏の家臣でした。ところが幕府滅亡の時、足利尊氏《あしかがたかうじ》に従って活躍し、その戦功で信濃国守護《しゅご》に任じられます。中先代《なかせんだい》の乱（１３３５）で１人残された7歳の諏訪頼継をバックアップしてくれた小笠原氏でしたが、信濃国の旧守護の北条氏領を多く獲得し、北条勢力の討伐にあたります。つまり、北条方だった諏訪氏にとっては、許しがたい侵入者となったのです。

しかしその小笠原氏も、文安《ぶんあん》3年（１４４６）に自らの惣領職の相続を巡って分裂。その対立が、諏訪社の上社と下社の対立と絡んで、諏訪の戦国争乱に拍車をかけることになります。

初めは、上社が伊那小笠原氏（飯田市）と結び、下社が府中小笠原氏（松本市）と結んでいたのが、上社内部で大祝家と惣領家の分裂に進むと、次は大祝家が伊那小笠原氏と、惣領家は府中小笠原氏とタッグを組むという図式になっていたことをおさえて、次に進みましょう。

先ほどの『守矢満実書留』によると、大祝の位を下りた（下ろされた？）継満は、翌年の文明16年（１４８４）5月3日、伊那小笠原氏や身を寄せていた高遠の諏訪継宗たち伊那郡の軍勢３００騎を率いて、諏訪に攻め寄せてきます。高遠諏訪氏は、もともと諏訪氏中興の祖である頼継の子孫。頼継の嫡男である信員《のぶかず》が「子細があって」（『神氏系図』注記）高遠城主として据えられてから5代目にあたる継宗は、「諏訪氏惣領の末《まつ》裔《えい》」との強い自負がありました。だからこそ、〝諏訪〟に野心を持っていたのです。

本宮近くの片山の古城に立てこもった前大祝継満たち伊那の軍勢は、刻々と人数が増えていきました。対する諏訪氏惣領家サイドも干沢城に立てこもるわ、府中小笠原氏が安曇・筑摩二郡の諸勢を率いて駆け付けるわ、いよいよ大合戦の様相を帯びてきます。ところが、肝心なところで『守矢満実書留』は、「非例の下位《おりい》殿（継満）を退伐するために、小笠原氏の軍勢が発向されてきたのだから、当社明神は必ずや応えてくださるだろう」と書いたまま筆が止まってしまうのです。なんと、合戦にも結果にもまったく触れていません。結局、和談に至ったのではないかと、想像するのみの尻すぼみ状態です。

空位だった大祝についたのは、惣領家でただ１人残されていた５歳の宮法師丸《みやほうしまる》でした。ただ１人子供が残るのは、中先代の乱の後と同じ展開です。前回は頼継７歳、今回は宮法師丸５歳。文明16年（１４８４）12月28日、不穏な空気が漂う中で、60代神長満実の手によって即位式が執り行われました。

高遠に逃げた前大祝の継満は、それから2年後の文明18年（１４８６）、神長満実が上社祭礼に関して残した記録『諏訪御符礼之古書《みふれいのこしょ》』に再び登場していました。御射山《みさやま》御頭《おんとう》という祭りの記事の中に「下位殿が当郡大熊の荒城を取り立て候」とあり、継満は諏訪に戻れたばかりか、城を一つ自分のものにしているのです。

そして、さらなる事件を引き起こすのは、こういう話のお約束通り。御射山御頭の当番役のところへ、神長満実の家来、粟沢四郎が負担金の徴収に行くのですが、この粟沢が継満に丸め込まれていて、受け取った負担金の一部を継満が横領してしまうのです。

負担金の徴収というお役目は神長の管轄。継満に徴収の権利はありませんし、横領するなどもってのほかです。しかも、それに加担したのは、神長満実がずっと面倒を見てきた子飼いの家来。満実は激怒しました。

下位殿は、知りもしない神役をただ自らの欲のために横領し、満実を恥ずかしめた。その無念は言うまでもなく、神長は神力に頼むしかない。神長は7月17日の庚申《こうしん》の日に下位殿を調伏《ちょうぶく》する祈りを始め、日夜朝暮勤《ごん》行《ぎょう》に励んだ結果、9月16日に下位殿は亡くなった。神力が現れたのだ。横領に関係した自欲の人たちも面目を失った。神長1人の喜びは言うまでもない。
（『諏訪御符礼之古書』より要約）

謀殺事件の時は、嘆き憤っていただけの神長満実も、横領事件に至って完全にブチ切れました。満実は、敵対したり不都合をもたらした相手について、しばしば「神慮に背いたため神罰が当たった」と書いていますが、今回は次元が違ったらしく、継満をのろい殺して（!?）しまったようです。神長は呪術的能力を持っていた…のかどうかはわかりませんが、とにかく継満は死んでしまいました。

聖なる世界の権威として権勢を振るえたはずの大祝継満。政治的・軍事的な実権を握れる諏訪氏の惣領になろうと惣領家一族を謀殺し、追われれば、高遠諏訪氏をはじめとする伊那勢を率いて諏訪に攻め込み、したたかに諏訪へ舞い戻った挙げ句は、神事費用の横領にも手を染めた継満。彼の死によって、大祝家は滅亡しました。大祝の職は諏訪氏惣領家が継ぐことになり、結果として惣領家が現人神の権威と政治的実権の両方を握ったのです。

現人神《あらひとがみ》を出す家の終焉《しゅうえん》

文明16年（1484）に5歳で大祝《おおほうり》となった宮法師丸は、その後、惣領《そうりょう》の諏訪頼《より》満《みつ》となりました。頼満は永正《えいしょう》15年（1518）に下社大祝の金刺昌春《かなざしまさはる》を隣国甲斐《かい》へ追放して、諏訪を統一。鎌倉時代半ばから延々と抗争を続けてきた目の上のたんこぶ、金刺氏がついに諏訪からいなくなったのです。

そして甲斐国の守護《しゅご》、武田信虎《のぶとら》が領土拡大のため信濃国に侵入するようになると、頼満は武田軍と一進一退の戦いを繰り返し、天文《てんぶん》4年（1535）に信虎と和睦を成立させます。

天文8年（1539）、頼満の死を受けて、14歳で大祝を引退していた孫の諏訪頼重《よりしげ》が24歳で惣領家を継ぎました。翌年には信虎の娘禰々《ねね》が頼重に輿入れし、天文11年（1542）4月に嫡子虎王《とらおう》が誕生します。我が世の春の頼重は、塩尻や佐久・小県《ちいさがた》方面まで勢力を広げていました。

この頼重に危機感を抱いたのが、妻禰々の兄にあたる武田信玄です。信玄はその前年に父信虎を追放し、甲斐国の守護となっていました。信玄は頼重を打倒しようと、頼重と妹の間に嫡子が誕生した2カ月後の6月には諏訪へ侵入。思いもかけずにいた頼重はあえなくその軍門に下ってしまいます。

この時、武田方についたのが、かつて頼満に追放された金刺氏の下社勢や、〝諏訪〟に野心を持つ高遠の諏訪頼継《よりつぐ》。遠祖である諏訪氏中興の祖・頼継から8代目となる同名の頼継は、「高遠諏訪家は諏訪氏の惣領頼継の直系で、諏訪の惣領になってしかるべき」との野望を燃えたぎらせ、武田信玄と結んで、ついに諏訪の惣領家を滅亡に導く張本人になりました。さらに、60代神長満実《じんちょうみつざね》の曾孫《ひまご》の頼真《よりざね》とモメ続けていた、これまた神職の禰宜《ねぎ》の満清《みつきよ》も、諏訪氏惣領家を巻き込んだ神長頼真との権力争いに敗れて、反諏訪氏惣領家・反神長の立場で暗躍します。権力への熱望とそれにまつわる恨みつらみは、何代経っても、というより時間が経てば経つほどに、強くなっていくのですね。

惣領頼重は甲府へ送られ、切腹させられました。信玄の侵入からわずか1カ月後のことです。

その時の大祝は頼重の弟頼高《よりたか》でしたが、頼高の運命も暗転します。『守矢頼真書留』を見てみましょう。

頼重が降伏して甲府へ行かれた時、頼高大祝殿は信玄の指示で禰宜方に預けられた。諏訪の衆は皆「頼重は甲府へ行かれたが、大祝殿がここにおられるので満足だ」と言った。

ところが、禰宜満清が高遠から大祝を立ててしまった。満清は、自分が諏訪をすべて思い通りにしたいと考え、また、頼重に逆心を抱いていたので、頼高大祝殿が成人しては自分が困ると思い、甲州と高遠にいろいろ画策し、頼高大祝殿を甲州へ送ったのだ。

(『守矢頼真書留』より要約)

つまり、頼高は禰宜によって大祝の位を下ろされ、兄頼重と同じように甲府に送られて、共に命を絶つことになったようです。

『守矢頼真書留』には、惣領頼重が城を明け渡して降参する条件として、高遠諏訪氏の頼継の切腹を引き換えにしたとありました。諏訪氏惣領家の乗っ取りを狙い、武田と手を結んで背後から攻め込んできた高遠頼継を許せなかったのでしょう。そんなことを、高遠頼継と手を組んでいる武田に申し入れても、かなうわけがないと思うのですが、案の定。頼重の死後、諏訪郡は宮川を境に東が武田、西が高遠頼継の領地になります。

しかし、高遠頼継はこれに満足しませんでした。頼継は諏訪郡すべてを治める惣領になりたいがために、早くも9月、武田領へ侵出。上原城(茅野市)を打ち破り、下社も手に入れ、上・下両社を支配下に置いたまではよかったのですが、結局信玄に敗れ、諏訪郡は信玄のものになってしまったのです。諏訪氏惣領家に続いて高遠諏訪氏も敗れ去っていきました。

現人神、大祝はどうなってしまうのか。諏訪頼重が武田信玄の妹との間にもうけた虎王も、頼重の娘が信玄の側室となって生まれた勝頼《かつより》も、大祝には立ちませんでした。禰宜満清が高遠諏訪氏から立てたという大祝については、神長守矢氏の即位記録に何も書かれていません。当然、神長は認めていなかったということでしょう。

諏訪氏惣領家を江戸時代につないだのが、惣領家の傍流で頼重の従兄弟の諏訪頼忠《よりただ》でした。信玄が諏訪を平定した3カ月後の天文11年（1542）12月20日、諏訪氏一族の中で血縁的にも年齢的にもベストで、信玄の意向にもかなった7歳の頼忠が大祝に立ちます。そして天正《てんしょう》6年（1578）、嫡男頼水《よりみず》に職を譲るまで、36年間も大祝を務め続けたのです。

天正10年（1582）3月、武田氏が織田氏によって滅ぼされ、6月には本能寺の変で織田信長も倒れると、旧臣に擁立された頼忠が40年ぶりに旧領である諏訪郡を取り返し、再び治め始めました。しかしそれも束の間、関東の北条氏と東海の徳川氏が、旧武田領を手に入れようと信濃に侵入。頼忠は、最終的に徳川家康に従って諏訪郡を任されました。結果として、諏訪氏惣領家にとってはこれが功を奏し、後の諏訪高島藩へとつながっていきます。

諏訪の領主となった頼忠は、徳川からの出陣要請に備えて天正15年（1587）、大祝頼水を引退させて、四男頼広《よりひろ》を大祝に立てます。そして嫡男である頼水の系統を領主家とし、頼広の系統を大祝家として分立させる道を開いたのです。
天正18年（１５９０）、頼忠と頼水は豊臣秀吉の小田原攻めに徳川軍として従軍し、その後は家康に従って関東に移りました。大祝頼広だけが諏訪に残ります。頼忠は、武蔵国《むさしのくに》奈良梨《ならなし》（埼玉県比企郡《ひきぐん》小川町）など転封先の領主となっても、神長官守矢氏（永禄《えいろく》4年（１５６１）頃から神長官の名称となる）と連絡を取り合っていました。上社のことが心配で居ても立ってもいられなかったようで、あれこれ指示を出し続けた手紙が残っています（１５９p参照）。

安土桃山時代の約10年間、諏訪郡は、豊臣秀吉の家臣日根野高吉《ひねのたかよし》の支配下にありました。諏訪氏が旧領に復帰できたのは、関ケ原の戦の翌年、慶長《けいちょう》6年（１６０１）です。諏訪郡には高島藩が置かれ、徳川秀忠から諏訪氏に対して出された所領宛行状《あてがいじょう》には、「旧領たるにより」とありました。諏訪明神の化身とされる大祝を立て、諏訪の祭政に当たってきた特別な家であることが考慮されたのでしょうか。頼水が初代高島藩主となりました。

江戸時代を通して、頼水の系統が藩主家を継ぎ、頼広の系統の大祝家は祭祀に専念する家として続いていきます。高島藩を治めた諏訪氏は転封もなく明治4年（1871）の廃藩置県まで統治を続けます。祭政一致から政教分離してなお、同じ血筋から分かれた系統が祭政にあたり、現人神の大祝を祀る信仰が続いたことは、全国的にも珍しいことです。藩主家は「諏訪」、大祝家は「諏方」と区別されるようになりました。

前宮の下方にあった大祝の屋敷が、本宮に近い宮田渡《みやたど》に移ったのは、江戸時代初期とも、もう少し早い時期とも言われますが、いつ移ったのか、なぜ移ったのかもよくわからないのだとか。

江戸時代の大祝家についても、あまり研究がなくてよくわかりません。

権力と欲望の渦の中でドラマチックに面白い中世に比べて、江戸から明治にかけては平穏な日々かと思いきや、神長官守矢家に伝わるのは、「大祝と神職の間のモメ事の記録ばかり」と神長官守矢史料館の柳川英司さん。そして、これが意外やとても読ませるのです。記録の一つ「極内々書取」には、寛文《かんぶん》12年（1672）に大祝が社殿の修復や建て替えのための積立金を勝手に使ったり、社内で相談して決めるべき人事を勝手に決めたりするので、現人神に対して神職たちが「不埒至極《ふらち》之事」と、解任しているのです！

「大祝専横ニ付訴状」という、大祝の非道を訴えた訴状の下書きにも、大祝が勝手に人事を決めたことに、神職たちが抗議したにもかかわらず、大祝が取り合わなかったことが書かれていますし、幕府からの取り調べで神事のやり方が定まったのに、大祝が自家の記録をタテに拒否して社中が難渋したこともあったよう。柳川さんは言います。

「ということで史料を見ていくと、江戸時代を通じて大祝と神職たちは、モメ事が絶えなかったことがわかります。なぜそういうことになったのかという事情はよくわかりませんが、大祝にしてみれば、神職の言いなりになっているだけでは不満だったようでして、自分でいろいろ決めたかったのではないかと考えられます」

十歳前後の穢《けが》れなき男の子が大祝としてあがめられていた頃が平和でした。

「神長官守矢家と大祝諏方家との関係は、非常に微妙だったことが史料から読み取れるわけです。大祝諏方家との関係について、もっといいことが書かれている史料があるかと思ったのですが、基本的にいい時は何も記録が残されていないですね。よかった時のことは史料上からはわかりません」

史料が残るのは、トラブルがあった時ばかり。

最後の大祝の即位式は幕末、諏方頼武《よりたけ》が立職した天保《てんぽう》12年（１８４１）10月11日です。

明治維新を迎えて神社制度が変わり、明治4年（1871）に神職の世襲が廃止されると、大祝の職は消えることになりました。『諏訪市史』には、「諏訪社でも大祝はじめ270人の社中ことごとく今までの資格を失い、民籍に入り神職は改めて県から任命された」とあります。しばらくの間、社中は上を下への大混乱だったようです。

特筆すべきは、慶応《けいおう》4年（1868）に隠居した高島藩9代藩主諏訪忠誠《ただまさ》が、明治24年（1891）から26年まで諏訪神社（当時）の宮司を務めていることです。忠誠は、寛政の改革で有名な幕府老中《ろうじゅう》、松平定信の娘を母として生まれ、元治《げんじ》元年（1864）高島藩で唯一幕府の老中となった人物です。

一方、大祝家の当主は権禰宜《ごんねぎ》として諏訪大社に奉職した記録があり、地元のお年寄りからは「世が世ならば大祝様なのに、学校の先生をしながら普通の神主さんをしていらした」とも聞きました。

そんな旧大祝家は平成14年（2002）に直系が絶え、今は主をなくした大祝屋敷がひっそりと残されています。天保年間（1830〜44）に再建されたお屋敷は、約3000坪の広大な敷地に約320坪の主屋が建てられていましたが、時代を経て敷地とともに主屋も縮小され、昭和初期の主屋は約80坪に。その後、さらに約43坪になって今

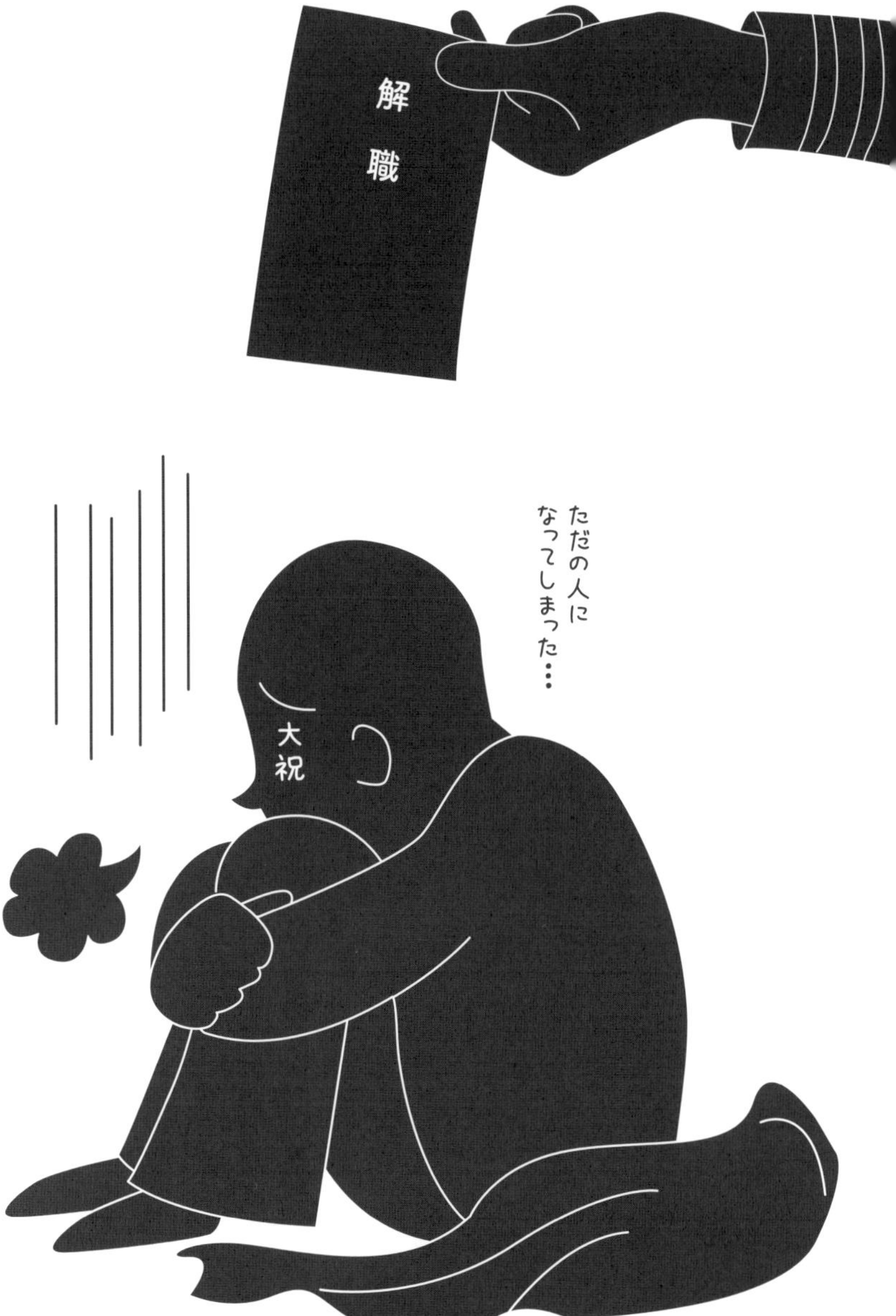
解職
ただの人に
なってしまった…
大祝

に伝わっています。主屋の縮小ぶりが、明治以降に大祝家のたどった歴史を雄弁に物語っているようで、胸に迫ります。

神長《じんちょう》の巻

勝ち残るカギは
記録と心得よ

1　筆頭神職としての誇り

守矢氏とは何者か

諏訪明神（＝建御名方神《たけみなかたのかみ》）の諏訪入りについて、諏訪には『古事記』の国譲り神話の続編のような、諏訪版国譲り神話が伝わっています。

それは諏訪明神と、先に住んでいたモリヤ神との争いです。これまでもひもといてきた『諏訪信重解状《のぶしげげじょう》』の冒頭「守屋山麓御垂跡事《もりやさんろくごすいじゃくのこと》」を、詳しく見てみましょう。

この地は、昔は守屋大臣の所領であった。明神が天降《あまくだ》りの時に、大臣は明神が住み着くのを防ごうとした。これに対して明神は、自らの領地にしようと作戦を練って、言い争いや合戦をしたが、雌雄を決し難かった。そこで明神は藤鎰《かぎ》を持ち、大臣は鉄鎰を持って引き合ったところ、明神が勝った。明神は守屋大臣を追罰し、居所を上社に定め、以来はるかに数百年が経った。

（『諏訪信重解状』より要約）

この守屋大臣がモリヤ神です。諏訪湖の南にある標高１６５０メートルの守屋山の麓は、かつて守屋大臣が治めていました。明神は、あの手この手で守屋山麓を我が物にしようとしましたが、大臣は断固抵抗。そこで明神は藤鎰、大臣は鉄鎰を持って引き合い、明神が勝ったというのです。

諏訪円忠《えんちゅう》の『諏方大明神画詞《すわだいみょうじんえことば》』は、この件について次のように言っていました。

明神が天降った昔、洩矢《もりや》の悪賊が明神の住み着くのを妨げようとした時、洩矢は鉄輪を持って争い、明神は藤の枝を取って降伏させた。

(『諏方大明神画詞』より要約)

内容はほぼ同じながら、守屋が洩矢になり、大臣が悪賊になっていて、まさに負ければ賊軍です。そもそも、藤の枝と鉄輪でどうやって戦ったのか聞きたいところです。藤枝と鉄輪の戦いで勝利を収めた明神が諏訪の神となり、「大祝《おおほうり》」を自らの化身として、神氏《じん》＝諏訪氏がこれを世襲することになった経緯は、大祝の巻でひもといた通り。服従した洩矢神の子孫である守矢氏は、「神長《じんちょう》」と呼ばれる筆頭神職として、祭事を取り仕切ることになっていきます。

モリヤ神は「洩矢神」で定着してしまったようで、明治の前半に守矢氏76代の守矢実久《さねひさ》によってまとめられた『神長守矢氏系譜《けいふ》』(以下『系譜』)でも、守矢氏の始祖は洩矢神でした。実はこの『系譜』、読んでいくと、次から次へと驚きの情報が出てくるびっくり箱のような古文書なのです。

まずは始祖洩矢神。当然のことながら、『系譜』では出雲から逃げてきた建御名方神と土地神・洩矢神の争いから説き始めます。

この地を寄こせ！
建御名方神
エイっ！
守屋山
断固抵抗！
洩矢神
トウっ！

服従した洩矢神は、娘の多満留姫《たまるひめ》を明神の御子《みこ》である出速雄神《いづはやおのかみ》に嫁がせました。しかも、出速雄神はたくさんいる御子の中で、明神の化身となる「人祝」を輩出する神氏＝諏訪氏大祝家の祖とされる神。戦いを結婚によって終結させるというのはありがちなパターンではありますが、現人神《あらひとがみ》である大祝の血筋には、洩矢神が最初から関わっているのだとアピールしているかのようです。

守矢氏の2代目守宅神は「生まれながらに霊異の才があった。父に代わり弓矢を負い、明神に従い遊猟し千の鹿を得」とあります。3代目の千鹿頭神《ちかとうのかみ》も狩猟に秀で、日々鹿を捕っていたので千鹿頭と呼ばれたそうです。明神は狩猟の神として知られていますが、守矢氏も狩猟の腕は確かだったのでしょうか。

問題はその次です。4代目の児玉彦命《こだまひこのみこと》は、明神の御子・片倉辺命《かたくらべのみこと》の御子で、「明神の仰せに従って千鹿頭神の跡を継いだ」とあります。その上、明神の孫の美都多麻比売《みづたまひめ》神《のかみ》を妻にして生まれたのが、5代目となる八櫛神《やくしのかみ》です。するとなんですか、守矢氏は4代目の時点で明神の血筋に代わっているということですね。

明神一族に追われたのか、守矢氏自ら身を引いたのか。ここはやはり、明神側が守矢氏の握っていた祭祀権を、どうしても手中に収めたかったということか…。

洩矢神は、諏訪信仰の最古層にいる精霊のような土地神「ミシャグジ」をまとめていたと考えられています。多産や豊穣をもたらすミシャグジを取り扱うことができる唯一の祭祀者が守矢氏でした。守矢氏は、上社の祭祀に欠かせないミシャグジの祭祀秘法をずっと持ち続け、土地神と外来の明神をつなぎ合わせる役割を果たしていきます。

さて、『系譜』の次の驚きは27代目の武麿《たけまろ》。別名を弟君《おときみ》という武麿が、日本古代史のビッグネーム物部守屋《もののべのもりや》の次男だと書いてあるのです。

用明《ようめい》天皇の時代に物部守屋大連《おおむらじ》は河内国《かわちのくに》(大阪府の東部)の渋川の館で滅び、子孫は逃げたり隠れたりした。長男の雄君《おきみ》は美濃に入り、次男の武麿は信濃の諏訪に来て神氏の娘をめとり、神長職を継いだ。

(『神長守矢氏系譜』より要約)

大和政権の中枢にいた物部守屋は、仏教の受け入れに反対して賛成派の蘇我馬子《そがのうまこ》と争い、国政の主導権を巡っても馬子と対立。用明天皇2年（587）に蘇我氏をはじめとする討伐軍に攻められ敗死しています。その守屋の次男が、諏訪に逃れて神長守矢氏に迎え入れられていたですって⁉

明治20年（1887）に刊行された『信濃奇勝録《きしょうろく》』にも、興味深い記述が見つかります。

物部守屋の息子で弟君という者が森山に隠れ住んでいて、後に神長の養子となる。（中略）森山に守屋の霊を祀り、今は守屋が岳という。

（『信濃奇勝録』より要約）

弟君が諏訪に逃れてきて、森山に隠れ住んだ後、神長家の養子になった。そして、森山に物部守屋の霊を祀ったので、守屋岳（山）と呼ぶようになったというのです。『系譜』にも、武麿の曾孫《ひまご》・麻呲子《まひこ》のところに「古伝にいわく、このとき森山に守屋大連公を祭る。守屋山と称す」とありました。

守屋山の麓にある守矢家の敷地の高台には、今も武麿の墓と言われる神長官裏古墳《じんちょうかんうらこふん》があります。でもこれは、幕末から明治にかけて、『古事記』や『日本書紀』などの記述をもとに、どの古墳がどの天皇のものであるかを当てはめることがはやった頃、「武麿の古墳であろう」と言われるようになったものだとか。円墳の墳丘が跡をとどめ、石室部が見えてロマンをかきたてられるだけに、当てはめただけと言われてしまうのは残念といえば残念です。

しかしながら、始まりの段階で明神の血筋を取り込み、古代の名門大豪族の血筋をも取り込んだことになっている守矢氏の『系譜』、おそるべしです。この後、中世でも波《は》瀾万丈《らんばんじょう》の守矢家が続きます。

〝秘すべし〟お役目の危機

上社の筆頭神職である「神長《じんちょう》」として神事を取り仕切ってきた守矢家には、「神長家の御役《おやく》」として代々担ってきた重要任務がありました。中でもとりわけ重要だったのが、現人神《あらひとがみ》である大祝《おおほうり》を誕生させる役目です。

『神長守矢氏系譜《けいふ》』でも、34代守矢清実《きよざね》の項に、「このとき御衣着祝《みそぎほうり》有員《ありかず》大祝に立つ。社例及び十三所行事を授ける。是より代々この例をもってす」とあります。有員が大祝に立ったのは、大同《だいどう》元年（８０６）。神氏＝諏訪氏の始祖とされる、あの有員です。

神長清実が有員の即位式を行い、以後、代々それにならって大祝を誕生させてきたと書いている通り、新しい大祝に神格を与える即位の秘法は、神長家に一子相伝で伝えられてきました。何年にどの大祝にどの神長が授法したかなどを記した『大祝即位伝授《おおほうりそくいでんじゅ》書《しょ》』の冒頭には「大祝殿御即位の時、神長家この秘法を授け奉るなり。秘すべし秘すべし」とあります。

しかし、それが脅かされる危機がありました。有員から７００年近く経った戦国時代の文明《ぶんめい》16年（１４８４）、神長は60代守矢満実《みつざね》、5歳の宮法師丸《みやほうしまる》が大祝に即位した時のことです（95ｐ参照）。

南北朝から戦国時代にかけて5人の大祝の即位式の様子を記した『大祝職位事書《おおほうりしょくいことがき》』には、宮法師丸の時の記録が他の大祝の時と比べて数倍の文章量があるのです。読んでみると、神長に次ぐ家柄の神職、禰宜大夫《ねぎだゆう》との間にトラブルが起きていました。


諏訪氏の一族である矢崎殿から伝えられた禰宜殿の言い分はこうだ。

「これまで3代の祝殿には神長殿が即位の法を授けられたが、それ以前の祝殿には我らの先祖が授けていた。これを新大祝殿に申し上げて、昔どおりに計らっていただきたい」

これに対して、矢崎殿に考えを尋ねられた神長満実は、「当社の大祝殿が即位する時は、昔から神長家が即位の法や十三所行事を授け奉っています。禰宜殿がそんなことを言うとは、言語道断のことです」と返事をした。

新大祝殿は幼少であり、その母上様や矢崎殿は社家の事を詳しくご存知ない。他の社人・奉行はいずれも禰宜殿の縁者親類で、神長は味方もなく1人だ。だから、自分がやると言えば思い通りになるだろうと思って申し出たのだろう。

「私は代々の大祝殿に神長家が即位法を授け奉った系図を持っています。禰宜が授法したと言うなら、禰宜の方にも代々の系図があるはずですから、見せてもらうべきです。口では授法したと言っていますが、本当に系図を持っているでしょうか。また、どんな秘法を授けるというのか、確認していただきたい。縁者親類を味方に連ねる禰宜の言うことが正しいか、無力な神長の言うことが正しいか、系図をご覧になればわかること」

と神長が矢崎殿に言えば、禰宜の返事はこうだった。

「そのような系図証文などは、大祝殿の即位に役に立たない。とにかく当方で授法したのだ」

矢崎殿に再び考えを尋ねられた神長は、「昔から代々の大祝殿の即位には、代々の神長が授法しているのに、私の無力により禰宜がこんな言いがかりをつけるのです。ならば系図証文を引き合いに出すべきだと言っても、そんなものはいらないと言われるのは言語道断です。矢崎殿も、禰宜の道理に合わない言い分を伝えるばかりで、口惜《くちお》しいことです。禰宜の縁者親類が禰宜に授法役になるよう頼んでも、差し控えるのが常識なのに、禰宜も自ら授法役を望んでいます。そんなことでは世の中がおかしなことになります」と返事をした。

（『大祝職位事書』より要約）

この宮法師丸即位式のくだりを読む限り、当時の神長守矢家は弱体化し、多くの神職の中でも孤立していたようです。この文は、神長満実の息子の継実《つぐざね》が書いていて、最初は冷静に禰宜殿と言っていたのに、途中から禰宜と呼び捨てにしているあたり、満実父子の怒り心頭な様子がよくわかります。と同時に、無力であることの悔しさが行間から立ち上ってきていませんか。

そして、こんな神長と禰宜大夫の争いに決着をつけたのが〝記録〟でした。

力及ばずとはいえ、神長満実父子は数十人の禰宜方がいる所へ飛び入って、勝負を決しようとした。

そのとき矢崎殿と有賀殿が両者の間に割って入り、「とにかく言い争いは外聞が悪い。両方から、代々の大祝殿の即位にあたって授法した記録や法書など見て、年次が正しいものを本《もと》にすべきです。両方とも本書をお出しなさい」と提案した。

神長は、「もとより神長が大昔から代々大祝殿を誕生させてきたのだから、一式そろえて持参しています。見てください」と返事をした。

「では禰宜殿は」と問われると、「持っていない」との返事なので、「それでは神長家の御役であることは疑いない」ということになった。


（『大祝職位事書』より要約）


記録が物を言って、禰宜との争論を制した神長満実は、宮法師丸の即位式でそれまでと同様に諸々の秘法を授けることができました。

満実が書き残した『諏訪大明神深秘御本事大事《しんぴごほんじだいじ》』には、即位式で授ける秘法をはじめ〝極秘の大法〟が書かれています。『諏訪史料叢書《そうしょ》』の解説では、守矢家がこの書を「大祝職位授与に関する極秘伝書として敢《あ》えて他見を許さなかった」としています。

もっとも、見ても難解な呪文や専門用語、梵語《ぼんご》の連続で、何を言っているのかさっぱりわかりません。

オレにやらせろ!
禰宜
それは
ウチの御役!
神長
新大祝
ねぎ!
がんばれ!
親類
縁者
神長家の系図
神長家の法書
神長家の証文

でも、即位式の秘法をこれだけ難解にしたのは、他ならぬ神長だと指摘しているのが『諏訪市史』です。神氏の始祖である有員の伝承について疑問を呈した（66p参照）のと同じく、神長が密教の法式などを採り入れて複雑化し、神長伝授の正式な即位式を受けない大祝には「神罰が下る」と権威付けしたのは、大祝即位式の専業を守るための努力とみられると、ここでも手厳しい見解を述べています。

果てしない禰宜との争い

ところが、「神長家《じんちょうけ》の御役《おやく》」の専業化に対する涙ぐましい努力にもかかわらず、禰宜《ねぎ》との争いは終わりませんでした。

記録があったから神長家は安泰だった、というわけにはいかなかったのです。

満実《みつざね》の曾孫《ひまご》である頼真《よりざね》の時代、神長と禰宜との間にさらなる争いが繰り広げられていました。頼真は『大祝殿御即位の時禰宜方と申事次第事《おおほうりどのもうすことしだいこと》』（以下『次第事』）に、このことを書き残しています。

永正《えいしょう》17年（1520）12月26日、諏訪氏惣領《そうりょう》家《け》の諏訪頼隆《よりたか》の嫡子（後の頼重《よりしげ》）が5歳で大祝に立つことになった。

神長頼真がこれまでのように装束を着せ、袴《はかま》の腰ひもを結ぼうとした時、禰宜が「私が結ぶ」と言い出した。頼真は「これは前々より神長の役なのに、手にかけられるのは口惜しい」と言い、互いにあれこれ言い争っていたところに、新大祝の祖父の頼満《よりみつ》が分って入り、「互いの問答は無益だ。今回は私が袴の腰ひもを結ぼう」と、新大祝に装束を着せた。即位の法は授けなかった。

（『大祝殿御即位の時禰宜方と申事次第事』より要約）

大祝の即位にあたって特別な装束を着せることは、現人神《あらひとがみ》を誕生させる重要な第一歩です。大祝が別名「御衣着祝《みそぎほうり》」と言われるほど、神長が即位の衣を着せることに意味がありました（68p参照）。でも、大祝を出す家である諏訪氏惣領家のドン・頼満に言われれば、神長も禰宜も従うしかありません。そのくせ、頼真は文書の上では惣領家の人々を呼び捨てにしています。惣領家が神長家の御役を認めないことを、よほど腹に据えかねていたに違いありません。

ちなみに惣領頼満は、かつて60代神長満実が禰宜と即位式で争った時の大祝、あの宮法師丸《みやほうしまる》です。足かけ14年間在位した後、諏訪氏の惣領となり、永正15年（1518）には下社大祝の金刺昌春《かなざしまさはる》を破って諏訪郡の統一を成し遂げるなど、「諏訪氏中興の英主」と言われるほどの活躍をしました。南北朝時代の「諏訪氏中興の祖」、諏訪頼継《よりつぐ》とは別の人です。

結局、神長頼真は袴の腰ひもを結ぶことができず、授法することもないまま、新しい大祝が誕生します。

ところが、そのようなやり方で大祝を立てたので、神のおとがめにより、翌18年11月晦日《みそか》に大祝頼重殿の母と子（頼重の弟か妹）が急死し、大祝殿は位を下りられた。しかし、他に大祝に立つべき人がいないため、再び十三所行事も即位式もなく頼重殿が大祝に立たれた。1年も経たないうちに神罰が当たった事、神慮はありがたい。

（『大祝殿御即位の時禰宜方と申事次第事』より要約）

この問題が起きたとき神長頼真は16歳で、相手の禰宜満清《みつきよ》は13歳年上の29歳。「神長はいまだ善悪の分別もあるまいと禰宜方に謀《はか》られ、昔からの御役に手を出されてしまった」と憤りながらも、神長頼真は禰宜との争いをこと細かに的確な描写で書いています。守矢家にとって、「記録が物を言う」という教えは、神事に匹敵するほどの重要事項だったのでしょう。

次に争いが起きたのは、享禄《きょうろく》2年（1529）でした。12月28日に「諏訪氏中興の英主」頼満の六男が7歳で大祝に立つことになりました。神長頼真は、前回禰宜満清から受けた恥辱をすすぐために、惣領頼満の嫡男頼隆に、先祖代々の記録をお目にかけたいと申し出ます。でも、頼隆からの返事は「今すぐ記録を見るべきだが、12月も末なので互いに難しい。しかし、正月までに大祝を立てないと神慮にかなわない。よって今度のことは禰宜方に遠慮するように」でした。つまり時間がないから、今回は禰宜に取り仕切らせることにするからね、と言われてしまうのです。

神長頼真は「口惜しい」と返事をしたものの、毎日毎日そして即位式当日の28日早朝まで、頼隆の使いが何度も同じことを言ってくるため、「今度ばかりは頼隆殿の御意に任せる」と返事をします。その結果、禰宜が即位式で新大祝に何事かを授法。神長頼真は前回の雪辱を果たすことができなかったばかりか、禰宜に神長家の御役を奪われてしまいました。

でも、そのようなやり方で大祝を立てたせいなのか、「神のおとがめ」により翌年4月18日の御柱祭《おんばしらさい》で頼隆が一の御柱にひかれて死亡。

「これも禰宜のせいで神罰が当てられたのだ。大祝は位を下りた」

神長頼真は得々と書き残しています。

さらに8年後の天文《てんぶん》7年（1538）2月3日、延々と諏訪氏惣領を務める頼満の孫で頼重の弟、豊増丸（後の頼高《よりたか》）が11歳で大祝に立つことになると、もはや〝お約束〟と言っていい禰宜満清との争いがまた起こります。神長頼真の『次第事』によれば、前年の12月27日に決まっていた即位式で、頼真は今度こそ以前の雪辱を果たそうと決意していました。「即位の秘法を授けるのは、大同《だいどう》元年（８０６）の御衣着祝殿以来、神長の役です。そのような証拠や時々の記録を持っています。禰宜の所にはないでしょう。互いの記録をご覧になるべきです」と言い張ります。神長と禰宜は結局合意できず、即位式は延期され、ついに年を越してしまいます。

年明けの正月12日に惣領家から使者が来て、「烏帽子《えぼし》と袴の前腰は禰宜、狩《かり》衣《ぎぬ》と後腰は神長が着せ、授法は両方で授けるように」と言われた。神長は「前々より両人で仕事はしていません。もってのほかです。とにかく記録をご覧になって、これまでのようにしていただきたい」と返事をした。禰宜はなぜか12日に出奔した。

すると禰宜の親類縁者らが逆ギレして、「神長に腹を切らせよ」と言い立てたが、諏訪頼満と頼重は「両者に中立の立場をとっていたが、禰宜が出奔した上は」と、神長が行うよう言い付けた。

（『大祝殿御即位の時禰宜方と申事次第事』より要約）

これでようやく一件落着かと思えば、さにあらず。延び延びになっていた即位式が2月3日に行われることになり、神長がこれまで通り十三所行事や即位の秘法を授けることになったのですが…。

ちょうどその時、神長頼真は差し支えがあって出仕できないので、6歳になる嫡子犬太郎《けんたろう》に烏帽子と水干《すいかん》を着せ、代わりに即位の大事に臨ませた。犬太郎がまだ幼少なので、新大祝殿に装束を着せる時は、親類の矢島殿にその場の指南を頼んだ。この時いろいろ申す事があった。

（『大祝殿御即位の時禰宜方と申事次第事』より要約）

ちょっと待ってくださいよ。これだけモメて、家の御役を死守しようとしている即位式に出られないほどの差し支えって何⁉ それこそ善悪の分別もおぼつかない6歳の息子に任せるなんて、無理でしょう。思わず読んでいるわたくしがカッと熱くなります。「いろいろ申す事」があって当たり前ではありませんか。

新大祝殿が即位式に向けて馬に乗った時、禰宜の出奔に際して逆ギレした面々が、永明寺の住職を介して詫びを入れてきたが、許されなかった。結局3日は延期になり、4日にご即位になった。その夜もいろいろ申す事があったが、無事に過ぎた。すべて神慮に守られたのだろう。

(『大祝殿御即位の時禰宜方と申事次第事』より要約)

結局、6歳の出番はなく、4日に頼真自身が行ったということでしょうか。やれやれ。この後、「出奔した禰宜は口惜しさのあまり、神長家を絶やすべきだとあれこれ申し立てられたが、神長は神慮に任せて覚悟して騒がずにいた。諏訪頼満・頼重もついに承知せず、事なきを得た」との後日談が付いています。

このとき禰宜満清47歳、神長頼真34歳。

父母を早くに亡くした頼真は、16歳の時から18年間、大祝を誕生させるお役目を取り合って、満清と争い続けてきました。頼真はこの争いについて、「一つは神慮であり、一つは先祖のしてきたことを当代で捨てては口惜しく、父母への孝養の仏事と思い定め、一身を投ずる覚悟だった。また、この御役を頼真の代で捨てては子孫の批判が口惜しく、無二の覚悟で事に当たったため、神慮に守られた」と書いています。

『次第事』の終わりには頼真の手形が押され、子孫に対して「何かあった時には、この手形を見よ」とあります。子孫のために命懸けで神長家の御役を守り、成し遂げた自信と誇りが、手形と文言に表れています。


そして末尾には、「この書留は惣領家の頼満と頼重のご所望により、神長頼真がこれを記した。この末文は殊に頼満が直筆で書き記されたものである」と、米粒のような字の添え書きがありました。頼満の直筆というのは、手形の後に書かれている「天文7年（1538）9月14日に頼重が神長と禰宜を召し出し、仲介したので和談した」との一文を指していると思われます。

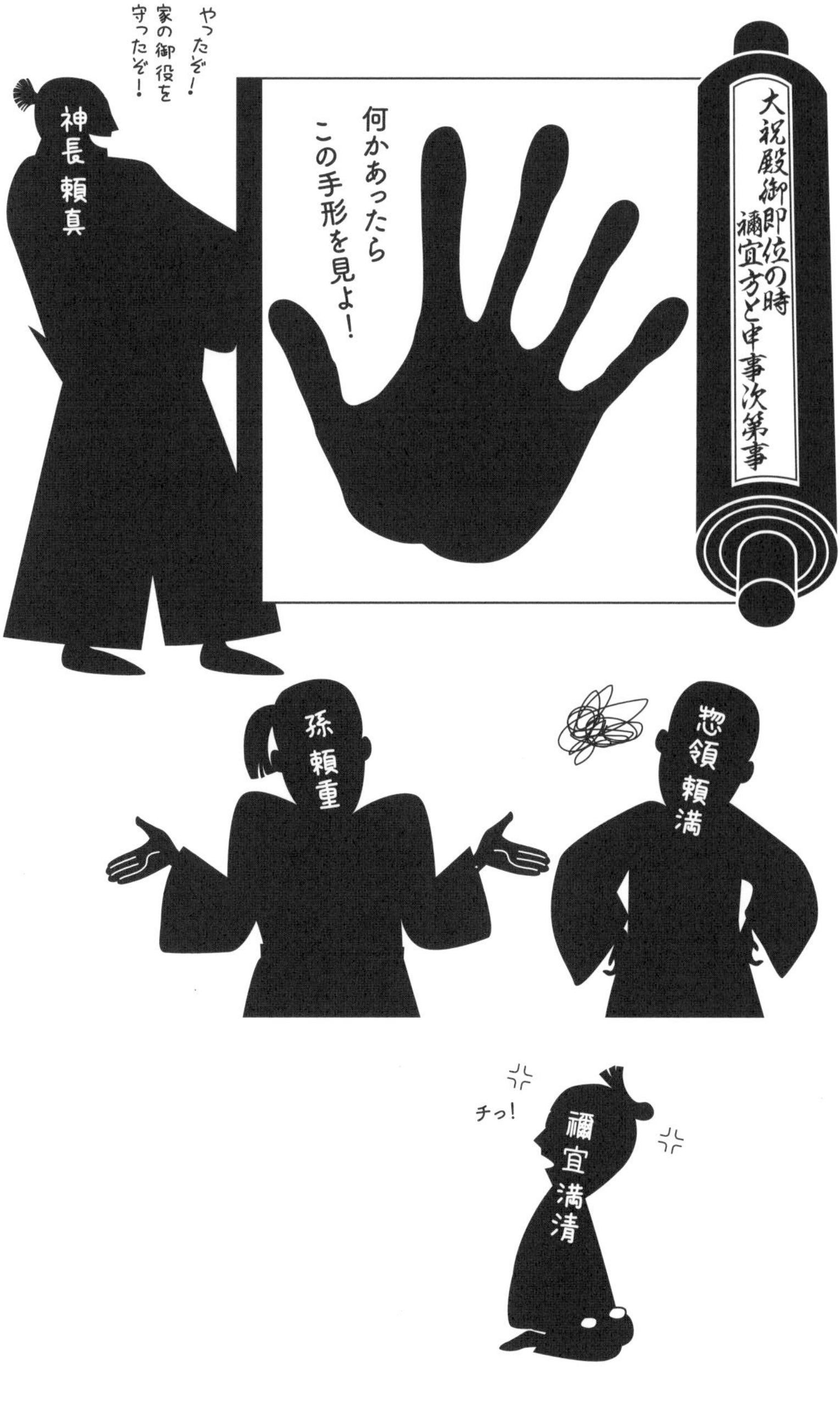
大祝殿御即位の時
禰宜方と申事次第事
何かあったら
この手形を見よ！
神長頼真
やったぞ！
家の御役を
守ったぞ！
惣領頼満
孫頼重
禰宜満清
チっ！

大祝を支えるはずの神職同士の争いに手を焼き、ようやく解決に持ち込んだ惣領家の安堵《あんど》のため息が聞こえてくるようです。

でも、神長家に伝わる約1600点もの記録を収蔵展示する神長官守矢史料館の学芸員、柳川英司さんはぽつりと言いました。

「禰宜満清は元に戻りましたが、この時の遺恨が元で、反諏訪惣領家・反神長の立場でいろいろ画策し、高遠諏訪氏や武田氏と通じて、4年後の諏訪惣領家滅亡につながっていくのです」（99p参照）

神長と禰宜の権力闘争の巻き添えから滅亡につながる諏訪惣領家の最後については、『守矢頼真書留』に臨場感たっぷりのルポが残されています。

ところで、柳川さんが興味深いことを言うのです。

「実は、禰宜大夫もモリヤだった可能性があります」

つまり、禰宜も守矢一族だったということですか。

「守矢家側の史料しかない上、中世の文書には名字が出てこないので、どういう名字だったかわかりません。禰宜大夫がモリヤで同族だったとすると、主導権争いが起きるわけで、実際、神長と禰宜大夫は中世ずっと争っています」

そういえば、『神長守矢氏系譜』にも、諏訪に逃れて神長職を継いだとされる物部《もののべ》守屋《もりや》の次男・武麿《たけまろ》の項に、『古史伝《こしでん》』から引用した次のような記事が載っていました。

神長官と禰宜大夫の家は守屋を氏とする。真は物部守屋大連《おおむらじ》が厩戸皇子《うまやどのおうじ》や馬子《うまこ》などと戦って敗れた後に、軍場を逃れて信濃国に下って諏訪の地にとどまり、その子孫が諏訪明神の神孫に仕えたのが、ついに神長官とも禰宜大夫ともなって連綿と続いている。

（『古史伝』より要約）

守屋本人が諏訪に逃れてきたというのは史実と異なりますが、神長と禰宜の家が、共に守屋の子孫だったと書いてありました。ならばなぜ、神長家は「守屋」ではなく「守矢」を名乗ったのでしょうか、柳川さん。

「元々、神長が守矢だったかどうかもわかりません。守屋だった可能性もありますし、逆に神長が守屋と差別化するために、矢を使い始めた可能性もあるのです。どちらにしてもその辺り、史料が全くないので何とも言えません」

いずれにしても、神長の勢力が衰退し、禰宜の勢力が大きくなっていた戦国時代、記録の重要性を痛感していた60代神長満実や曾孫の頼真は、子孫のために『守矢満実書留』や『守矢頼真書留』をはじめとする記録をセッセと残したということでしょう。

とにかく記録を残してアピールする！　後世に向かって書く！　「先例」が子孫のものとなるためには、先祖が残した記録があってこそ、なのですね。

「歴史の中でいろんな争いがあって、最終的に神長家に古い文書が残って絶えずにつないできたので、今の目から見ると神長の方が中心に見えますが、中世においてどうだったかわからないですね」

う～ん。筆頭神職という立場さえ、本当のところは霧の中ということですか。実際のところ、記録が物を言ったのは、神長と禰宜の争いだけではないかもしれないですね。

ちなみに中世以来、上社では大祝に仕えて神事を取り仕切っていた神職が5人いました。筆頭神職の神長と、禰宜大夫、権祝《ごんのほうり》、擬祝《ぎぼうり》、副祝《そえのほうり》です。これを五官祝《ごかんのほうり》と呼んでいます。

「例えば、朝廷には天皇の下に五摂家《ごせっけ》といって藤原氏の五つの家があったわけですが、その中でも主導権争いがあって、日記という、今でいう儀式を書き留めた記録をたくさん持っている家が主導権を握っていましたね」

なるほど。天皇の下の五摂家と大祝の下の五官祝、よく似ている気がします。

2　78代がつないだ重み

神長がどうしても欲しかったもの

神長《じんちょう》守矢頼真《よりざね》は、禰宜《ねぎ》との争いに長年苦心してきた一方で、その視線は諏訪の小さな世界にとどまってはいませんでした。

禰宜と和解した約2カ月後の天文《てんぶん》7年（1538）11月、頼真が諏訪明神へ上げた祝詞《のりと》が残っています。正五位上の叙位《じょい》を願う祈願文です。頼真は、正五位上に叙せられるよう朝廷に働きかけていたのです。

頼真がどうしても欲しかったもの、それは官位でした。しかもとびきり高い位です。国費が不足するようになった平安時代から、財物を納めた者に位階や官職を与える売位売官の制度がありました。お金さえあれば、官位を買うことができたのです。禰宜との争いに勝った頼真は、心もとなかった上社内部での地位をさらに確かなものにし、外部に対しても諏訪上社と神長の権威を高めていこうと努力を始めたようです。そして天文8年（１５３９）頃、正五位上に叙せられます。

それから3年が経った天文11年（１５４２）は、諏訪にとって激動の1年でした。6月に武田信玄が諏訪へ侵攻し、諏訪氏惣領《そうりょう》の諏訪頼重《よりしげ》が切腹に追い込まれます。『守矢頼真書留《かきとめ》』には、「6月24日、甲州と高遠と下社が結託して討ち入ると密告があった。28日の亥刻《いのこく》（22時頃）に、頼重のいた上原から貝鉦《かいがね》（法螺貝《ほらがい》と鉦）が聞こえてきたので、神長頼真は武装して上原に駆け付けた」と記されていました。武士化していたのは諏訪氏だけでなく、神職の守矢氏も武士としての力を備えていたことがわかります。惣領頼重の死後、諏訪は宮川を境に東が武田、西が高遠の諏訪頼継《よりつぐ》の領地となりますが、高遠諏訪氏が信玄に敗れて、結局、諏訪全郡が武田の支配下に置かれたのは、大祝の巻に書いた通りです（１０１ｐ参照）。

諏訪氏惣領だった頼重亡き後、神長頼真は信玄につきます。高遠の諏訪頼継が諏訪の武田領に侵出した際は、信玄に情報を提供し、夜を徹して信玄の戦勝祈願を行います。祈願の翌日に信玄が高遠の頼継を破り、神長頼真は信玄の信頼を得て、従来の身分をそのまま認められました。ちなみに、長年のライバル禰宜満清《みつきよ》は、高遠方についたため職を失っています。

武田への忠節を買われて、信玄から禰宜職も与えられた神長頼真は、嫡男で10歳の犬太郎《けんたろう》を禰宜に立てます。6歳の時、父の代役でけなげに大祝即位式に臨もうとした、あの犬太郎です。

信玄という後ろ盾を得た神長頼真は、上社の実権を握りました。

天文12年（1543）6月、神長頼真は正四位下の叙位を願う祝詞を書きます。諏訪に乱入した高遠の頼継軍によって神長家は兵火に焼かれてしまいますが、神長頼真の昇進の野望と歩みは止まりませんでした。天文15年までに正四位下に昇進し、さらに正四位上に進んだと考えられています。

『岩波日本史辞典』の官位相当表を見ると、祭祀を司り、諸国の官社を管理した神祇《じんぎ》官《かん》の最高でさえ従四位下です。それを超えたのですから、田舎の神職、破格の大出世です。

ところが、頼真は全く満足していませんでした。頼真が熱望していたのは、よもやの正二位。官位相当表によれば、左大臣・右大臣クラスです。

頼真が正四位上の頃、頼真と朝廷との間で奔走した〝官位の仲介者〟からの手紙には次のように書かれていました。

内々に承った官位について、朝廷に種々申し上げましたが、不調にて口惜しく思います。これは、いささかも我らの手落ちではありません。今、貴殿は四位ですから「三位にはなれるだろうが、これを飛び越えることは例のないことだ」と言われました。しかしながら、貴殿が三位ではイヤだというなら仕方ないことです。

（『般舟院友空書状』より要約）

頼真は、四位から一足飛びに二位を望んだけれど、官位を飛び越して申請するのは前例がないと、却下されたようです。従三位と正三位を一気に飛び越そうなんて、無茶すぎますよね。ダメモトで強引に頼んだのか、仲介者も閉口したことでしょう。頼真は買位のために相当な黄金を送り、仲介者にも白布や黄金をお礼に届けています。

いったいどこに、それだけの財力があったのでしょうか。

天文17年（1548）2月、頼真44歳、従三位に昇進します。もちろん、頼真は少しも満足していません。仲介者からの手紙には「今後五年ほど経って正三位を下されるようですが、御公家中にもこのように畳みかけて勅命が出されることは先例がありません。（中略）御礼物など分別が肝要です」と言われていました。「分別」とは、もっと付け届けを増やさないと、ということのようです。この時、頼真は従三位と正三位の両方を願い出ていて、相変わらずの強引無茶ぶり。人並外れた立身出世には、この根性があればこそ。

この天文17年の前半も諏訪にとっては大変な日々が続きました。2月に武田軍が上田原で村上義清《よしきよ》軍に大敗、4月に松本の小笠原《おがさわら》氏らが諏訪に侵入。7月には諏訪湖西岸に住む西方衆《にしかたしゅう》らが小笠原氏に内通して反乱を起こし、甲府から出陣した信玄が、塩尻峠の小笠原軍を急襲して大勝します。以降、武田氏の治世下の諏訪では大きな戦はありませんでした。

ちなみに頼真はこの騒乱の中を武田の本拠地・上原城へ移るのに、ミシャグジ祭祀に欠かせない神秘の籠《かご》だけ持って、ほかはことごとく捨てたと、『守矢頼真書留』に書いています。命からがら逃げる時、頼真にとって何はさておき大事だったのは、記録より位より、諏訪の土地神を取り仕切るための祭祀具だったなんて。頼真、立身出世だけではなく、祭祀者としての誇りにあふれています。やはり勝ち残るには勝ち残るだけの筋がしっかり通っているのですね。

頼真が従三位になってから5年後の天文22年（１５５３）11月、仲介者の手紙にあった通り、頼真は正三位に昇進しました。

この年の8月に後奈良天皇の勅使が諏訪に来て、上社が天皇自筆の般若心経《はんにゃしんぎょう》を賜るという一大事がありました。後奈良天皇が自ら書いた般若心経を諸国の一の宮に奉納し、国が穏やかに治まる祈祷を依頼するのと同時に、御所の修理費用を募ったのです。この件について頼真は『神使御頭之日記《しんしおんとうのにっき》』に次のように書いています。

勅使が諏訪に下られ、神長を訪ねて来られた。20日に天皇御自筆の心経を、宝殿《ほうでん》に神長が納め奉った。勅使は般舟三昧院《はんじゅざんまいいん》という律僧で、8月16日より26日まで泊まっていただいた。また天皇の祝詞を上げ、お札を差し上げた。神長はこれ以上の名誉はないと噂になった。

（『神使御頭之日記』より要約）

勅使なのに、諏訪氏惣領家ではなく、神長家に来て10日も泊まっているなんて、頼真の付け届けがどれほどのものだったかわかる気がします。

当時、朝廷の財政は逼迫《ひっぱく》していて、後奈良天皇は大永《だいえい》6年（1526）に天皇の位を受け継いだものの、即位式も挙げられなかったそう。10年経って北条氏や今川氏らの献金でようやく式を挙げることができたほどの貧乏ぶりだったといいます。

頼真が勅使に渡した御自筆心経の請取書《うけとりしょ》の控えには、「この時神長は勅使に馳走《ちそう》し、神前に心経を納め、祝詞を上げたので、同11月20日に正三位に叙せられた。子孫においてまで家の名誉である」と書いています。宝殿で神前に心経を納めた時、自分の昇進を願う祝詞も上げていたようです。

後日、頼真は勅使に頼んで、後奈良天皇自筆の御神名《ごしんみょう》「諏方《すわ》正一位《しょういちい》南宮《なんぐう》法性《ほっしょう》大《だい》

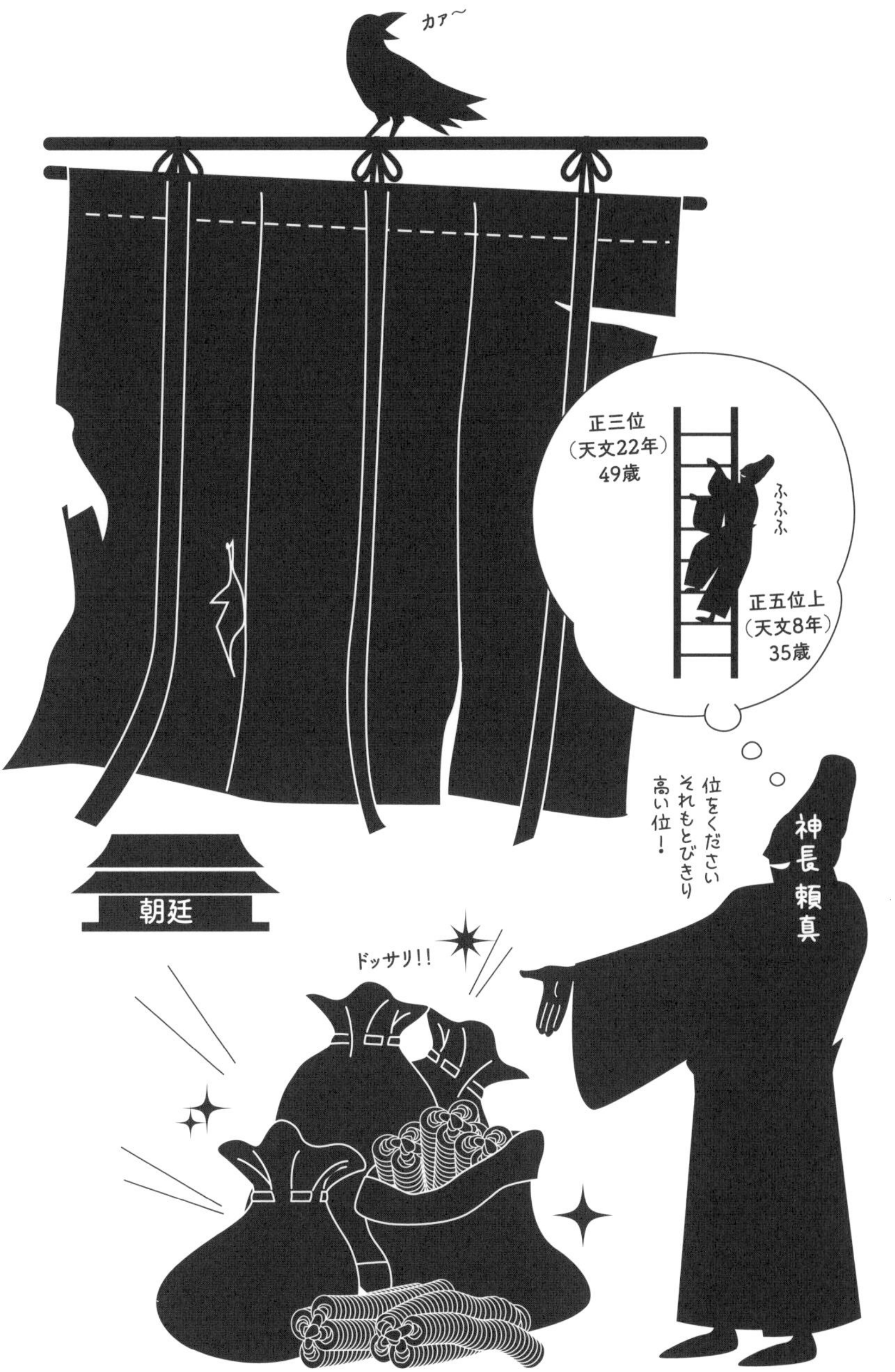
カァ〜
正三位
（天文22年）
49歳
ふふふ
正五位上
（天文8年）
35歳
位をください
それもとびきり
高い位！
神長頼真
朝廷
ドッサリ!!

明神《みょうじん》」の書と一緒に、正三位叙位の綸旨《りんじ》（天皇の意を奉じて出す文書）を賜っています。

それにしても、頼真はいったいどれだけの金品を贈ったのか、神長の懐事情が気になります。

『諏訪市史』によると、神長の収入には、一手に取り仕切っていたミシャグジの祭祀などで得る礼金・礼物や、誓約の鈴として神長が振り鳴らす御宝鈴《ごほうれい》「さなぎの鈴」の使用料、御札類の売り上げ、毎月一定期間、上社本宮に勤務する宮番での賽銭《さいせん》収入や祈祷料などがありました。私領もあったようです。しかし、これでそれほどの財を成せるものでしょうか。

頼真は、正三位に昇進する1カ月ほど前、勅使にあてた手紙で、正三位ではなく正二位を賜るよう繰り返し願い、「かなえば春のうちに必ず御礼をいたします」と書いています。神長の謎の懐事情もさることながら、なぜ頼真はこれほどまでに正二位にこだわったのでしょう。

神長官守矢史料館の初代館長、細田貴助《きすけ》が書いた『県宝守矢文書《もんじょ》を読む』では、「諏訪大明神が正一位であり、頼真は大明神の次の位の正二位を頭の中に描いていたのに違いない。天下の諏訪上社の神長の誇りと自覚に立った、壮大なる願望であったと思われる」としています。

正三位に昇った49歳の頼真は、『神使御頭之日記』に「末代において神長は正三位になるように」と書き残しました。結局、熱望した正二位に昇ることはなかったのです。

信玄とのドライな蜜月

神長《じんちょう》守矢頼真《よりざね》は、諏訪を支配下に置いた武田信玄とも良好な関係を築いていました。頼真の嫡子犬太郎《けんたろう》は、天文《てんぶん》14年（1545）12月、13歳で元服した折に信玄から名前の一字を与えられ、信実《のぶざね》の名前を付けてもらっているほどです（後に「信真《のぶざね》」に改名）。

信玄は、軍神として知られていた諏訪明神を信仰していたので、明神に戦勝を祈願して出陣し、諏訪社のお守りを持って戦うようになりました。神長家には、信玄が祈願成就のお礼に出した書状が数多く伝わっています。

天文17年（1548）7月19日の早朝、塩尻峠の小笠原軍を急襲して大勝した信玄は、頼真に次のような書状を送りました。諏訪明神への信仰と神長への感謝が丁寧につづられています。

神前において真心を尽くされたお守りを謹んで頂戴しました。そもそも諏訪郡がこのように私の思う通りになったのは、諏訪明神の応援と加護のおかげです。よって太刀《たち》一腰を宝殿《ほうでん》に奉納します。ますます武運長久の祈念をお頼みします。

（『武田晴信朱印状』より要約）

信玄は神長頼真に対して、改めて神長がこれまで通り諸事取り計らっていくことを保証する安堵状《あんどじょう》を出しました。でも、こうした安堵や嫡子への名付けは、筆頭神職を家臣として取り込み、諏訪社に影響力を持とうとする動きでもあったのです。

中・近世史が専門で武田信玄研究の第一人者、長野県立歴史館館長の笹本正治先生は言います。

「神社を動かすためには、誰かを通じて圧力をかけなければいけない。一番かけられるのは、神官機構のトップである神長です。神事を取り仕切って神社を動かしているのは、大祝《おおほうり》ではなく神長でしょう。大祝は実際の力を持ちません。持ったら世俗になってしまいますから」

諏訪氏惣領家《そうりょうけ》も、惣領が権力を握る形にして、役割分担していました。

「神長は、すごい力を持っていたと思います。戦国時代を含めて、なぜあんなに記録や日記が残るかというと、先例を掌握してしまうということ。神社の神事や儀礼は、先例を握って初めて繰り返しができます。記録を握っていた神長を通じて、信玄は諏訪社に影響力を持とうとします。神長側も、自分の家を成り立たせて社会に大きな影響力を持つには、信玄と結び付くしかありません」

やっぱり大事なのは記録。諏訪社と信玄はウィンウィンの関係だったのですね。

「諏訪社は信玄にとって、軍神として信仰の対象であるだけでなく、政治的にも大きな意味を持つ神社でした」

政治的な意味、ですか？

「信玄は信濃に侵攻するにあたって、どこにどのくらいの人口と生産力を持つ村があるのかを知っておく必要がありました。信濃国一の宮である諏訪社は、中世を通じて祭りの当番役などを信濃全域に割り当てていましたから、そうした地域情報がある程度集まっていたと考えられます。信玄は、諏訪社を保護しながら、地域情報を入手しようとしたことでしょう」

情報収集は大事ですよね。情報発信はどうだったのでしょう。

「信玄が上杉謙信と戦っている時、神長の守矢頼真に出した書状があります。信玄は、自分の戦争の正当性を訴えるのに、まず最初に諏訪社を持ち出しています。信玄の論理は単純で、諏訪社は信濃国の一の宮だから、そのお祭りは信濃国全体でするべきにもかかわらず、百年来なされていない。私が信濃一国を平定して、全体にお祭りをやらせますというのが第一です。第二は、15年間戦争が続いているので、民百姓が困窮している。私が平定すれば安定し、平和になるというのです」

信玄による信濃統一の戦いが、諏訪社のためであり平和のためだと言われれば、頼真も信玄の戦勝祈願に力を入れないわけにはいきませんね。

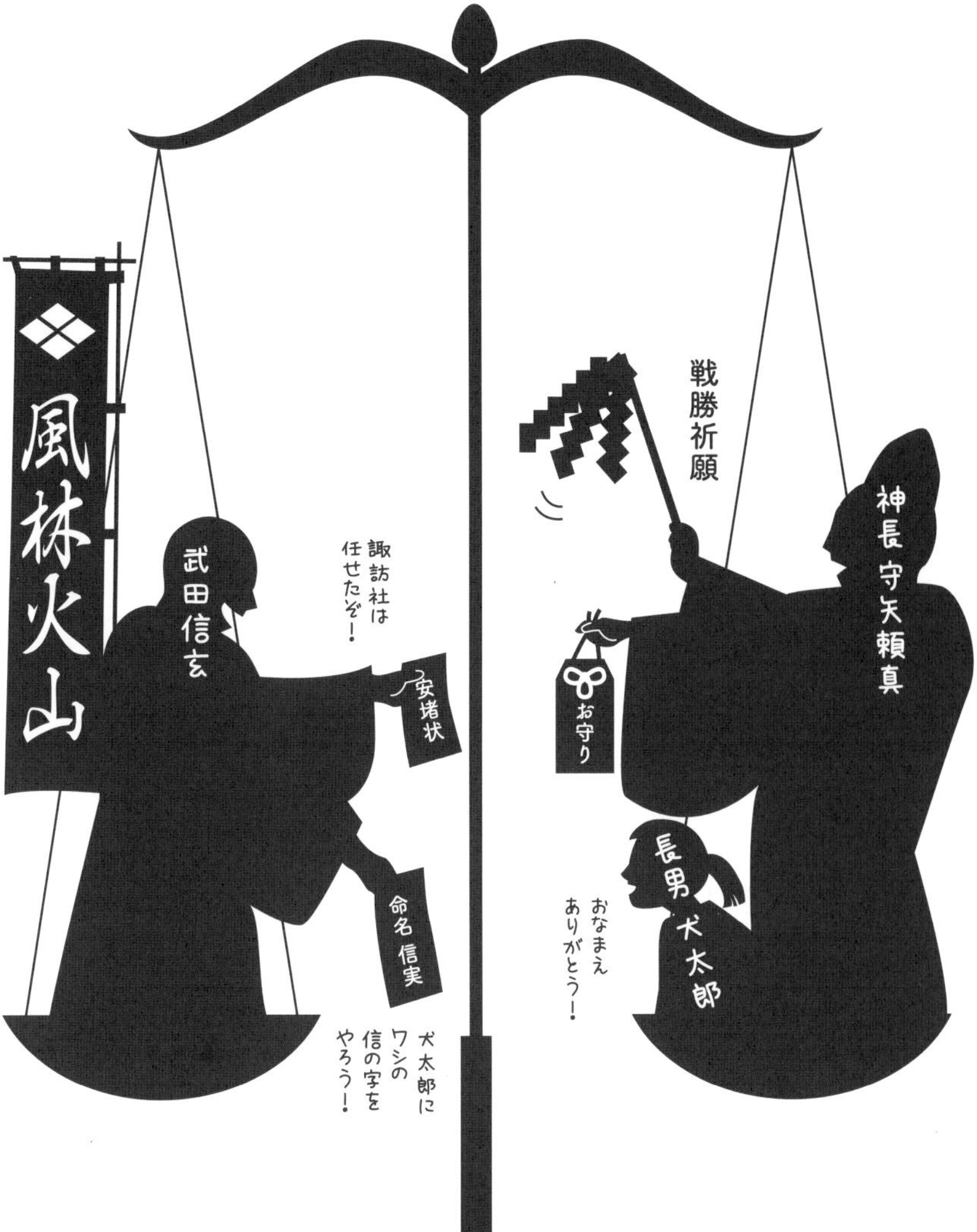
戦勝祈願
神長守矢頼真
お守り
長男犬太郎
おなまえありがとう!
風林火山
武田信玄
諏訪社は任せたぞ!
安堵状
命名 信実
犬太郎にワシの信の字をやろう!

「信玄は、ものすごく宣伝がうまいと思います。それは、鎌倉時代からの名家の文化を受け継いだ文化人だからです」

信玄の強さの理由の一つは、自分の正当性をアピールする優れた宣伝能力でしたか。

信濃国の人々の心のよりどころである諏訪社を保護すれば、人々に安心感を与え、精神的に支配するのにも役立ちます。さらに、さらに。

「信玄は、戦争をする前にしょっちゅう占いをしています。占いの結果は、おそらく最初から出ています。忖度《そんたく》があって、信玄の意図通りの結果が出るように占いをさせ、それを広く家臣に示して、『この度の戦は必ず勝つのだ』と士気を高めて出陣したのでしょう」

神さまが太鼓判を押してくれていると思えば、勇気百倍です。信玄は、諏訪明神を信仰しながらも、自分のために使いたい放題ではありませんか。

信玄は、諏訪社を政治的に利用し、神長頼真もまた諏訪上社を代表する立場で、戦乱で衰退した神事などを再興するため、信玄の力を利用します。

天文18年（1549）、神長頼真は、信玄に代わって諏訪を統治する諏訪郡代《ぐんだい》の長坂《ながさか》虎房《とらふさ》に「戦乱のため神納物が届かず、神事を行うことができないので、何とかしてほしい」と頼んでいます。笹本先生、信玄はどのように神事を再興したのでしょう。

「永禄《えいろく》元年（1558）に信玄は信濃の守護職《しゅご》に補任《ぶにん》され、信濃国全域に号令をかける名目を得ます。そこで信玄は、信濃国全域に向かって諏訪社の祭りの当番役を負担するよう命じます。その集大成が、永禄8年（1565）から翌年にかけて出た、諏訪社の神事再興を命じた文書、俗に言う『信玄十一軸』です。信玄は諏訪社の庇護者《ひごしゃ》となって、戦乱のために廃れたり中絶していたさまざまな祭祀を調べ、復興を命じたのです。それを通じて権力を信濃に浸透させました」

信玄は、諏訪社を利用するだけでなく、きちんとお礼もし、さらにそのお礼も利用したんですね。

話を神長頼真に戻しましょう。信玄との良好な関係に加え、頼真自身の破格の昇進で、神長家の立場は不動のものになった、と思いますよね。ところが、です。

頼真の正三位昇進の後、同僚神職との間でまたもや争いが起こっていました。五官《ごかんの》祝《ほうり》の順位を巡って社中で解決できず、勅裁《ちょくさい》（天皇の裁断）を仰いでいるのです。

この問題で勅裁を仰いだのは、頼真の息子の犬太郎改め67代信真です。頼真から信真にいつ代替わりしたかはわかりませんが、信真は永禄2年（1559）8月、27歳で従五位下に叙せられ、永禄4年（1561）頃から「神長」に官を付けて「神長官」という名称を使うようになりました。

この順位問題については、正親町《おおぎまち》天皇の綸旨《りんじ》が永禄12年（1569）（永禄2年説もあり）8月2日付で、上社中あてに出されていました。

昔から決まっていることとは、毎月の当番の時の順位は神長官が座上にあるべきということである。天皇はその通りにお聞き入れになった。社中はそれを承知すべきである。

（『正親町天皇綸旨』より要約）

同じ日付けの副状《そえじょう》には、さらに詳しくありました。

昔から毎月の当番の時の順位は、神長官・禰宜《ねぎ》・権祝《ごんのほうり》・擬祝《ぎぼうり》・副祝《そえのほうり》の順に決まっている。これを守り、神長官が座上にあるべきと勅裁なられた。社中はそれを承知すべきであると内々仰せ出された。

（『正親町天皇綸旨副状』より要約）

しかも冒頭に「子々孫々これを守り、違犯してはならない。これは極めて大切なことである」の添え書きまであります。

頼真が並々ならぬ熱意と出費で正三位に昇ろうとも、上社を代表して時の権力者・信玄と良好な関係を築いて上社の復興に努めようとも、同僚神職にとっては「それがなんぼのもんじゃい」。それよりも、権威を後ろ楯にして、かえって反感を買っていたのかもしれません。

10月8日付けの信玄からの書状には、「順位のことについて、天皇へ奏上したところ、勅許があってめでたいことだ。その綸旨を拝見した。天下にだれか異議のある者があろうか。神長が上座にあるべきことが肝要である」とあって、信玄は神長官の肩を持っています。

何はともあれ、神長官が上社神職の筆頭で、子々孫々これを守るようにとのお墨付きを、天皇からも信玄からも得たのでした。

そして守矢家は残った

時代は下って天正《てんしょう》10年（1582）、諏訪は武田討伐を進める織田軍の手に落ち、上社は兵火に焼き尽くされてしまいました。

3月に武田家が滅亡し、6月に本能寺の変で織田信長が倒れると、諏訪氏惣領家《そうりょうけ》を継いでいた諏訪頼忠《よりただ》が、40年ぶりに諏訪の支配を復活します。しかしそれも束の間、東海の徳川氏と関東の北条氏が諏訪を支配下に入れようと動き出し、一触即発の緊張状態が続きました。

そんな時、あの犬太郎が大人になった67代神長官《じんちょうかん》信真《のぶざね》は、上社の筆頭神職として徳川、北条の両方と書状を交わし、諏訪明神への祈願外交を行っていました。

両方
頼まれてもね〜
諏訪明神
神長官信真
武運長久
ありがとう
徳川
ますます
祈念してね
凶徒敗北
北条

徳川家康の武運長久のために日夜祈願を勤める一方で、北条氏直《うじなお》のためにも祈願を行い、氏直から「神前において真心を尽くして祈念されたお守りが届きました」とのお礼状まで受け取っていました。北条氏直の叔父である氏邦《うじくに》からは「凶徒敗北」の祈願も真心を尽くすよう依頼されています。凶徒とは、もちろん徳川家康のこと。

敵対する徳川と北条の双方が、神長官に軍神として名高い諏訪明神へ真心尽くして祈ってもらっていることに感謝しています。ばれたりしていなかったのでしょうか。

明神さまだって、両方の祈願を受けたら決着がつけられないのではと心配になります。神は願いを捧げる者を拒まず、なのでしょうか。

神長官守矢史料館の柳川英司さんはこう話します。

「守矢家は、諏訪家とは違う動きで外交をしたり、諏訪家のバックアップをしたり、時には対立もしていたようです。守矢家と諏訪家の文書を両方見ていると、諏訪家が主体の二面外交だったのではないかという感じがします。諏訪家の重臣の千野家が北条と主につながり、守矢家は徳川と主につながりを持っていたようです。諏訪家としては、千野家と守矢家を使って二面外交をして、うまく生き残っていったような気がします」

結局、徳川と北条は和睦。諏訪頼忠は天正11年（1583）に家康から諏訪郡を安《あん》堵《ど》されますが、天正18年（1590）に豊臣秀吉の小田原攻めに徳川方として従軍し、北条氏が滅亡すると徳川氏の関東転封に伴って、関東へ移されてしまいます。諏訪には、豊臣秀吉の家臣、日根野高吉《ひねのたかよし》が入り、約10年間支配を受けました。織田の兵火に焼き尽くされ、再建が進んでいた上社では、その間、神長官信真が上社の代表として日根野氏との折衝に当たったと考えられています。

神長官信真は、小田原に滞在中だった諏訪頼忠からの書状で、「日根野殿が諏訪へお移りの上、宮本を建立されるとのこと、めでたいことです。いずれにしても、結局あなたが才覚を発揮すべきことです」と言われたり、頼忠が武蔵国奈良梨《むさしのくにならなし》（埼玉県比企郡《ひきぐん》小川町）の領主になってからの書状でも「宮本のことは、そちらでどのように相談したのか心配です。早く使者をよこして相談すべきなのに、取り紛れて遅くなっています」「末々のことはこちらからも見届けていくので、何分にも怠りなく神前を守ることが大切です」などと言われたりしています。神長官信真への厚い信頼と上社復興への心配が読み取れます。

そして慶長《けいちょう》6年（1601）、諏訪氏はようやく旧領復帰を果たします。頼忠の嫡男、頼水《よりみず》が初代藩主となり、諏訪頼水の系統が藩主家、弟で大祝《おおほうり》に立っていた頼広《よりひろ》の系統が大祝家となって、祭政分離して続いていきます。

江戸時代になる前後に、前宮の下方にあった大祝家の屋敷は、本宮に近い宮田渡《みやたど》へ移りますが、神長官守矢家が先祖伝来の地を動くことはありませんでした。神長官守矢家のある場所は、本宮と前宮のちょうど中間。どちらの神事に出かけるにも都合はよさそう…と思うのはわたくしだけでしょうか。


江戸時代、大祝と神長官をはじめとする神職は常にモメていました。

寛文《かんぶん》6年（1666）、69代神長官守矢政真《まさざね》は、3代藩主諏訪忠晴《ただはる》を通じて朝廷に官位を願い出ます。政真は、破格の大出世で正三位を与えられた頼真《よりざね》の曾孫《ひまご》。藩主忠晴が朝廷に対して口添えをした書状の写しには、「神長官が殊のほか位階を頼むので、申し上げげます。神長官は、大祝以外の社家の中で代々上座にあるので、少しでもよろしきように位階をお願いします」とありました。

やっぱり神長官が欲しいのは官位。柳川さんの解説です。

「神長官政真が言っているのは、昔朝廷から位階をもらっているので、その通りの位階をもらいたいということです。曾祖父の守矢頼真は、天文《てんぶん》22年（1553）に正三位をもらっていますが、これは非常に異例なこと。この時、大祝は位がなかった可能性が高く、大祝以上の位をもらっていたんですね」

正三位をもらった頼真の子の信真は、従五位下をもらっています。政真も同じくらい高い位をもらいたいと申し出たわけですね。

これに対する朝廷側からの返書には「〝正六位下　伊賀守《いがのかみ》〟と勅許があったので、さようお心得ください。大祝が従五位下に叙せられているので、同位にはなり難い」。

それはごもっとも。神長官は大祝に仕える立場です。頼真が破格の正三位をもらえたのは、戦国時代という特殊な状況なればこそ。身分制度が確立した江戸時代には考えられません。

実はこの官位要求には、昔から高い位をもらっていたからという理由のほかに、もう一つ理由があったのだそうです。

「政真の時代、大祝と神長官の関係が良くなかったようで、神長官は大祝より上の位を得ることによって、上社の実権を握ろうと考えていたようです」

政真の目論見は、残念ながら外れてしまいました。

「この時点では、田舎の神職が位階を朝廷に要求して正六位下をもらっているわけですが、これ以降、一切もらうことができなくなります。それは武士の世界も同じで、基本的に位階は大名・旗本が一括して徳川幕府にお願いして、幕府が一括して朝廷に願い出てもらうという形になりました」

　政真は官位をもらった最後の神長官になりました。そして、大祝と神長官以下の神職たちは、江戸時代を通してモメ続けていくのです（104p参照）。

　明治になりました。

　明治4年（1871）に神社制度が変わり、神職の世襲制が廃止されると、神長官という役職もなくなり、神長官守矢家は存亡の危機にさらされます。祭りが統一され、これまでの祭祀も改廃されたので、「先例ではこうだった。ウチには記録がある」などと余計なことを言う神職は邪魔なのです。

　明治5年10月、新制による神職が任命されます。神長官だった75代守矢実顕《さねあき》と、ナンバー3の神職である権祝《ごんのほうり》だった矢島正守は「権禰宜《ごんねぎ》」に就任。新しい神職の序列からすると、宮司《ぐうじ》・権宮司・禰宜・権禰宜・主典《しゅてん》で、権禰宜の立場は低いです。

　筆頭神職として神事を取り仕切り、誇り高く家を守ってきた神長官家の当主、守矢実顕の心中はいかばかりだったでしょう。実顕は、弘化《こうか》2年（1845）に権祝矢島家から神長官家へ20歳で養子に入りました。『神長守矢氏系譜』（以下『系譜』）を見ると、実顕の母は73代神長官実綿《さねつら》の娘であり、実顕の妻は74代実延の娘という濃い関係です。

神長官家には、「家の御役《おやく》」として代々担ってきた重要任務があり、「神秘にして述べ難し」な秘法の数々は一子相伝で伝えられてきました。難解な秘法の数々です。次の代を継げるのは、優れた資質を持ち、厳しい修行を乗り越えた者のみ。男子がいない場合は養子縁組をし、実子であっても役割が果たせなければ養子を取ったといいます。血のつながりより、優れた神長官になることを重んじてつないできたのに。

神長官家に伝わる秘法には、土地神であるミシャグジの祭祀法や大祝即位の秘法、悪霊などを払う蟇目《ひきめ》の神事法、家伝の諏訪薬の製造法などがありました。

神長官の職を解かれた守矢家は、蟇目講という講社をつくり、村人の願いや悩みを祈りによって解決することで、謝礼を得るようになります。

最後に一子相伝の秘伝をすべて受け継いだのは、嘉永《かえい》3年（1850）生まれの76代実久《さねひさ》です。実久は博覧強記《はくらんきょうき》の人でした。実久がまとめた『系譜』には、それが遺憾なく発揮されています。

実久は、守矢家に伝わる膨大な古文書に目を通し、広く古今の歴史書も読んだ上で、どの神長がいつどの大祝の即位式を担当したかを書いた家伝の系図に、関連する史実や記事を書き込んで、今に伝わる『系譜』を作り上げました。

生き字引のような実久は、学校の教員となり、また「篁山」という画家でもあったそうですが、明治33年(1900)に50歳で亡くなってしまいます。実久には子がなく、東京で学生生活を送っていた18歳の異母弟真幸《まさち》が、秘伝を伝授されないまま急きょ77代を継ぐため、家に呼び戻されます。家には実父で75代神長官だった実顕が存命で、真幸は、ミシャグジ祭祀法の一部と蟇目神事について伝授を受けることができました。

真幸の日記(『諏訪信仰の発生と展開』所収)によると、蟇目神事の祈祷は依頼があればその都度行い、4月中旬には5日間にわたって大蟇目と呼ばれる祈祷祭を行っていました。明治34年4月の大蟇目は連日多忙で、大蟇目御祈祷には参詣人が200人も詰めかけるほど、多くの信仰を集めていたことがわかります。

しかし、父実顕も翌明治35年に亡くなってしまいます。

その後間もなく、真幸は自身の望みと経済的な事情もあって教員となり、通算25年勤めます。長野県内各地で教員生活を送りながらでは、蟇目祈祷をはじめ、守矢家が行ってきた古くからの神事祭祀を続けることはできませんでした。途絶えてしまったのです。けれど、真幸はそれで終わりませんでした。

大正15年（１９２６）、真幸44歳の時、教員生活に区切りをつけて諏訪に戻り、諏訪神社に奉職します。20年後の昭和21年（１９４６）8月、宮司の辞任に伴って真幸は後任宮司に推薦されました。氏子大総代会の満場一致でした。太平洋戦争の敗戦を経て、21年2月には旧来の神社制度が廃止され、諏訪神社は5月、宗教法人として再出発したばかり。地元の名門神職家の出身で、諏訪神社の歴史と神事に精通し、温厚で人徳のある真幸に対して、氏子大総代会が宮司就任を切望したのです。大総代代表らが上京して氏子会の総意を神社本庁に伝え、真幸は宮司に就任します。

そんな経緯をたどりながらも、守矢家は地元でずっと「神長官家」であり「神長官さん」と呼ばれ、守矢家の表札は今でも「神長官　守矢」です。真幸は、守矢家に伝わる古文書の整理にも力を尽くして、昭和40年（１９６５）、83歳で亡くなります。

現当主が語る諏訪への思い

77代真幸《まさち》が後継にすると遺言したのは、孫娘で４人姉妹の末っ子、当時大学生の早《さ》苗《なえ》さんでした。早苗さんにとっては、青天の霹靂《へきれき》だったといいます。

「遺言は『家督を譲る』ということだけでした。私は一番下ですし、そんなことを考えたこともなく、まだ本当に若いですから、どんなことが待ち受けているかなんて見当もつきません。78代当主という重みが全然わかりませんでした」

早苗さんの記憶にある「お祖父様」は、小学生の頃の正月に何度か見た、衣冠束帯《いかんそくたい》に身を正して出かける凛《りん》とした姿や、村の神社の総代さんたちの求めに応じて、御柱《おんばしら》の幟旗《のぼりばた》に堂々と筆を走らせる姿。今から思えば、自らに与えられた役割を、静かな自信とともに果たす姿でした。

何もわからないまま78代を継いだ早苗さんは、78代という枠に縛られず自由に生きたいと、学生時代を過ごした都会で、そのまま教員になります。

家のことに目が向くように導いてくれたのは、郷土史家の今井野菊でした。長年ミシャグジ研究に取り組み、早苗さんの祖父母と親交があって、78代継承の経緯を知る唯一の人。

「野菊さんは守矢家のことをよくご存知で、『あなたも大変ね』と心配してくださって。でも、私はわかっていないわけですよ。諏訪信仰で大事なミシャグジを統率するのが守矢家であることを、野菊さんから初めて教えられました」

ある時、早苗さんは今井に連れられて、諏訪と高遠を結ぶ杖突《つえつき》峠の上り口にある夏直路《なすぐじ》の墓に行きます。そこは神長官家に伝わる物忌《ものいみ》令によって、御柱の年に亡くなった人を葬るための特別なお墓。当時はもう管理する人がいなくなり、かろうじて面目を保っているといった状態でした。早苗さんはその存在を知らず、行くのも初めて。今井が手入れをして、雰囲気を残してくれていたのです。

守矢家の別廟《べつびょう》を気にかけていたのは、今井だけではありませんでした。

「近所の小池與一《よいち》おじさんも、高齢でしたが山道を上って、人知れず草取りや整地をしてくださっていたことを知りました。以来、私は夏休みに帰ってくるたびに與一おじさんと一緒に行って、『昔はこの辺りに玉垣があってお参りの人が来た』などいろいろ聞きながら草取りをするようになりました。半日くらい経つと、だいたいモリヤの神さまが雨を降らせるの。夕立がくるんですよ。その前に全部きれいにして」

守矢家にとって大事な場所を整備しなければということが、78代を受け継いで最初に自覚したことでした。そうしなければ、忘れ去られていってしまう。お盆の前に夏直路の墓に行き、草取り後にお墓参りをすることが早苗さんの年中行事となります。

今井は、知る限りのことを早苗さんに伝えようと、高齢にもかかわらず守屋山への登山に誘ってくれたり、夏直路の墓にほど近い森の中の巨大な磐座《いわくら》・小袋石《おふくろいし》や、かつて重要神事が行われた磯並社《いそなみしゃ》といった所へ連れていってくれました。いずれも守矢家や諏訪の信仰を知る上で欠かせない大切な所です。

「野菊さんに『土に聞きなさい。そうするとわかることがあるのよ』と言われました。実際に訪ねていくことで、すごく納得できるの。自分の中にしっかりとした視点を持って芯ができれば、それに当てはめていろんなことを判断することができます。それは、教員の仕事の基本にもなりました」

刺激的な人たちと引き合わせてくれたのも今井でした。今井のもとに教えを請いに来ていた古部族研究会の3人衆（田中基《もとい》、北村皆雄《みなお》、野本三吉）の勉強会に加えてもらったのは昭和49年（1974）、29歳の時。ところが、そこで飛び交っている話の内容についていかれない。専ら聞き役に徹し、必死に勉強しているうちに、気がつけば時代を超えて語りかけてくる古代諏訪の不思議な魅力に、どんどん引き込まれていきました。

古部族研究会の3人は、自らの諏訪研究を世に問おうと、昭和50年（1975）に『古代諏訪とミシャグジ祭政体の研究』を、52年（1977）に『古諏訪の祭祀と氏族』を出版します。翌53年に3冊目の『諏訪信仰の発生と展開』の出版にあたって、何か書くよう言われた早苗さんは、手元にあった祖父真幸の日記をたどることにしました。77代までどんな神事祭祀が伝えられ、行われてきたかを知っておくことが、78代に課せられた義務ではないかと思ったからです。

「祖父は、諏訪清陵《せいりょう》高校の前身、諏訪実科中学の出身で、岩波茂雄の二期後輩。弟分みたいなところがあって、岩波茂雄の勧めで東京の日本中学に入学し、英語の勉強をしようと燃えていました。そこへ家から『急ぎ帰れ』と電報が来て、兄で76代実久《さねひさ》の死によって77代を継ぐことになります」

76代まで伝授されていた一子相伝を伝えられないまま、突然18歳で後を継ぐことになった祖父の戸惑いと、夢を絶たれた無念さ。それは早苗さん自身の境遇とも重なって、日記の行間からひしひしと伝わってきました。しかし、その後の日記には、常に平常心をもって自らの使命を果たしていった祖父の姿がありました。早苗さんは、祖父の歩みに心を寄せながら、書かれていた神事祭祀をたどり、所々に解説を付けて「祖父真幸の日記に見る神長家の神事祭祀」を発表します。

時とともに、78代当主が考える義務と責任は増えていきました。中でも最も重要なのは、守矢家の歴史を守り継ぐこと。中世以来、折々の神長が「家の御役《おやく》」を守るために書き残してきた蔵の中の記録を安全に管理して、次の代に伝えなければなりません。「私は東京に住んでいて、ここにずっといるわけではありません。私ができるのは、今ある史料を公にお預けすることだと思いました。古い史料は、国や地域にとっても大事なもの。そうすれば史料が埋もれずに皆さんの役に立ちますし、自分の家の歴史がわかります」

守矢家の史料、いわゆる守矢文書《もんじょ》には、中世以来の上社の神事の様子だけでなく、信濃国中の事件が書かれていたり、名だたる武将や朝廷とやり取りした手紙も数多く残されています。世の中に中世の史料はほとんど残っていないだけに、貴重な文化遺産でもあり、地元の研究者たちの熱い要望もあって、茅野市に寄託することを決めました。「うちの土地を使って、史料館のようなものを造っていただければありがたいということで茅野市にお願いしました。設計をだれに頼むかと言われて、思い浮かんだのが藤森照信さんです」

実は建築史家で建築家の藤森さんは、早苗さんと一つ違いの幼なじみ。当時は東京大学の助教授で、路上観察学会のユニークな活動でも知られていました。「照信さんの名付け親が祖父なんです。照は天照大御神《あまてらすおおみかみ》から、信は武田信玄から付けたそうです。大学の研究室に相談に行って、結果、とにかく史料がきちんと後世に伝わる建物をと、全面信頼してお任せしました」

建設中なかなか様子を見に来られない早苗さんに、守矢家のある高部《たかべ》地区の人たちが「照ちゃんが来てな、自分で土をこねて、木を切ってなんかやっていたぞ」「鉄平石をだいぶ持って来ていたぞ」と次々知らせてくれました。

茅野市が運営する「茅野市神長官守矢史料館」が完成したのは、平成３年（１９９

1）春。地元の素材をふんだんに使った個性的な建物で、入り口の屋根には御柱のような4本の柱が突き出しています。藤森さんの解説書には「軒が寂しいので四本柱を建てようとして、偶然鉛筆が走って軒を突き抜けた。こうして正面の柱ができた」とあります。

「それを見て、すごく面白いなと思いました。竣工式の時に、市長さんと一緒に屋根に登って、薙鎌《なぎがま》という鳥のような形をした上社の祭器を柱に打ち付けさせていただきました」

ロビーには、上社最大の祭り・御頭祭《おんとうさい》の江戸時代の様子の復元展示があり、年に数回、守矢文書の企画展も行われる史料館には、地域の学校から見学の子供たちが大勢来館しており、「史料を公にお預けして、本当によかったと思っています」。

記録を書いて残して伝えてきたのが守矢家。その記録を広く公の役に立つよう伝えて、義務と責任を果たしたのです。

早苗さんは、神長官家にかかわる話を伝えることも、78代の義務だと考えています。平成27年（2015）、年に1回行われる全国諏訪神社連合大会での記念講演の依頼

企画展やってます
学芸員
七十八代当主
次の代へ伝えなければ
茅野市
神長官守矢
史料館

があった時も、ためらいながら「神長官のことでも祖父のことでもということで、せっかく機会を与えていただいたので」と引き受けます。その講演の後、洩矢《もりや》神社の氏子役員に話しかけられ、祖父真幸と交流があったと聞いて驚きました。

洩矢神社は、守矢家の始祖・洩矢神を祀る岡谷市川岸東の神社。諏訪に入った建御《たけみ》名方神《なかたのかみ》と天竜川を挟んで戦った時の洩矢神の陣地の跡に建てられたと伝えられます。「祖父から何も聞いていなかったので、洩矢神社がどんな存在で、どう交流していたのかよくわからず、日記に『洩矢神社御柱祭及ビ例祭執行、招待受ケテ参拝ス』とか『例年ノ如ク洩矢社例祭ニツキ参拝ス』と書いてあっても、ピンとこなかったのです」

それから洩矢神社の氏子の方たちと交流が始まりました。社務所の床の間や壁に、祖父が書いた掛け軸や額が幾つも大切に飾られており、先祖に導かれるように絆が深まっていきました。

その翌平成28年（2016）は、折しも御柱祭の年。早苗さんは洩矢神社の御柱祭に参加して、小綱《こづな》を持って御柱を曳《ひ》かせてもらい、逆に守矢家の御頭御左口神《おんとうみさくじ》総社の御柱祭には、洩矢神社の氏子の方たちが十数人も来て、一緒に盛り上げてくれたのです。「奥さんたちまで直会《なおらい》のお手伝いに来てくださいました。皆さんと急激に近しくなって、例大祭の時とか何かある時は、いつも呼んでいただいて行くことにしています」

78代の次の課題は、79代への引き継ぎです。

「私には子供がいませんので、養子縁組になりますけれど、大事な基本をわかってくださる人にバトンタッチしたいと思います」

77代の祖父も、同じ気持ちで早苗さんに託していったのだろうと、今にしてわかるのです。

諏訪信仰の基礎知識③
守矢氏の系譜

西暦	時代
300	
600	大和
700	
	奈良
800	
	平安
1300	鎌倉
	南北朝
	室町
1500	戦国
	安土桃山
1600	江戸
1900	
2000	

- 洩矢神　諏訪明神と争う
- 27代　武麿　物部守屋の次男
- 34代　清実
  - 806　大祝有員
- 56代　時実
  - 1335　大祝頼継
- 60代　満実　禰宜大夫とトラブルに
  - 1484　大祝宮法師丸（頼満）
- 61代　継実
- 62代　頼真　禰宜大夫との争いが頂点に達する
  - 63代−66代は順序不明
  - 1520　大祝頼重
  - 1538　大祝頼高
- 67代　信真（実）　1500年代半ばから神長官になる
- 69代　政真　官位をもらった最後の神長官
- 75代　実顕　神職の世襲廃止⇒権禰宜に
- 76代　実久　『神長守矢氏系譜』の編者
- 77代　真幸　1946 大社宮司に
- 78代　早苗　1985 から現当主

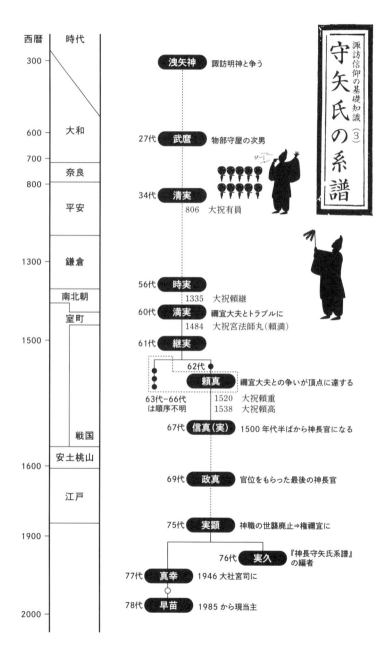

ミシャグジの巻

降ろして付けて、また上げて

1 ミシャグジって何？

ミシャグジと呼ばれるもの

ミシャグジは、諏訪信仰の最古層にいる土地神、だと言われていますが、はっきり言ってよくわかりません。まずはその名前。シャモジがひしゃげたような、ナメクジがつぶれたような、不思議な名前はその存在の古さを物語っているようです。

このミシャグジを取り仕切っていたとされるのが、上社の筆頭神職、神長《じんちょう》（永禄《えいろく》4年（1561）頃から神長官となる）守矢家。ここに伝わる古文書を一手に管理する神長官守矢史料館の初代館長・細田貴助《きすけ》の『県宝守矢文書《もんじょ》を読む』によると、元々あったのは「みさくじ」という言葉だけだったようです。それはそうです、まだ文字的なものがない古《いにしえ》の時代からの神さまなのですから。そこに漢字が伝わり、一字一音の漢字に表記して初めて、「御左口神《みさくじ》」の文字が出現したと考えられています。

中世の古文書では「御左口神」が一般的でした。江戸時代になるとさまざまな表記が見られるものの、主流は「御社宮神」と書いて「みしゃくじ」と言い表していました。現在は「御社宮神」や「御社宮司」と書いて「ミシャグジ」と言うのが普通、と細田は言っています。

いったいどんな神さまなのでしょうか。細田がこんな一文を書いていました。


精霊と人格神（神《かみ》）とを、古くの日本人は区別していた。ミサクジを神とはしなかったであろう。御左口神と書いたのは、神としてそう書いたのでなく、万葉がなと同じことで「神」を「ジ」に当てたものであろう。

（『県宝守矢文書を読む』より引用）

ミシャグジは、『古事記』や『日本書紀』に出てくるような人格神とは違って、どうやら精霊のようなものらしい。それでは精霊とは何かを調べてみると、『広辞苑』の精霊の項①にいう「万物の根源をなすという不思議な気」が当てはまるようです。研究者たちも「ものを生み出し、多産や豊穣をもたらす命の源のような霊力だろう」と受け止めてきました。

はてな。そう言われても、どうもしっくりきません。すると、ミシャグジは神さまではない？　諏訪信仰の最古層にいる土地神、ですよね？

改めて振り返ってみると、そもそも神さまとは何で、どんな存在なの？　という根本的な問題にぶち当たりました。

しっくりくる神さまの説明はないかと探していたら、まさにこれこれと腑《ふ》に落ちたのが、本居宣長《もとおりのりなが》の『古事記伝』三之巻に出てくる神の定義です。

すべてカミとは、古典などに記された天地の諸々《もろもろ》の神たちを始め、それを祀る社《やしろ》に鎮座する御霊《みたま》をも言い、また人は言うまでもなく、鳥獣木草の類

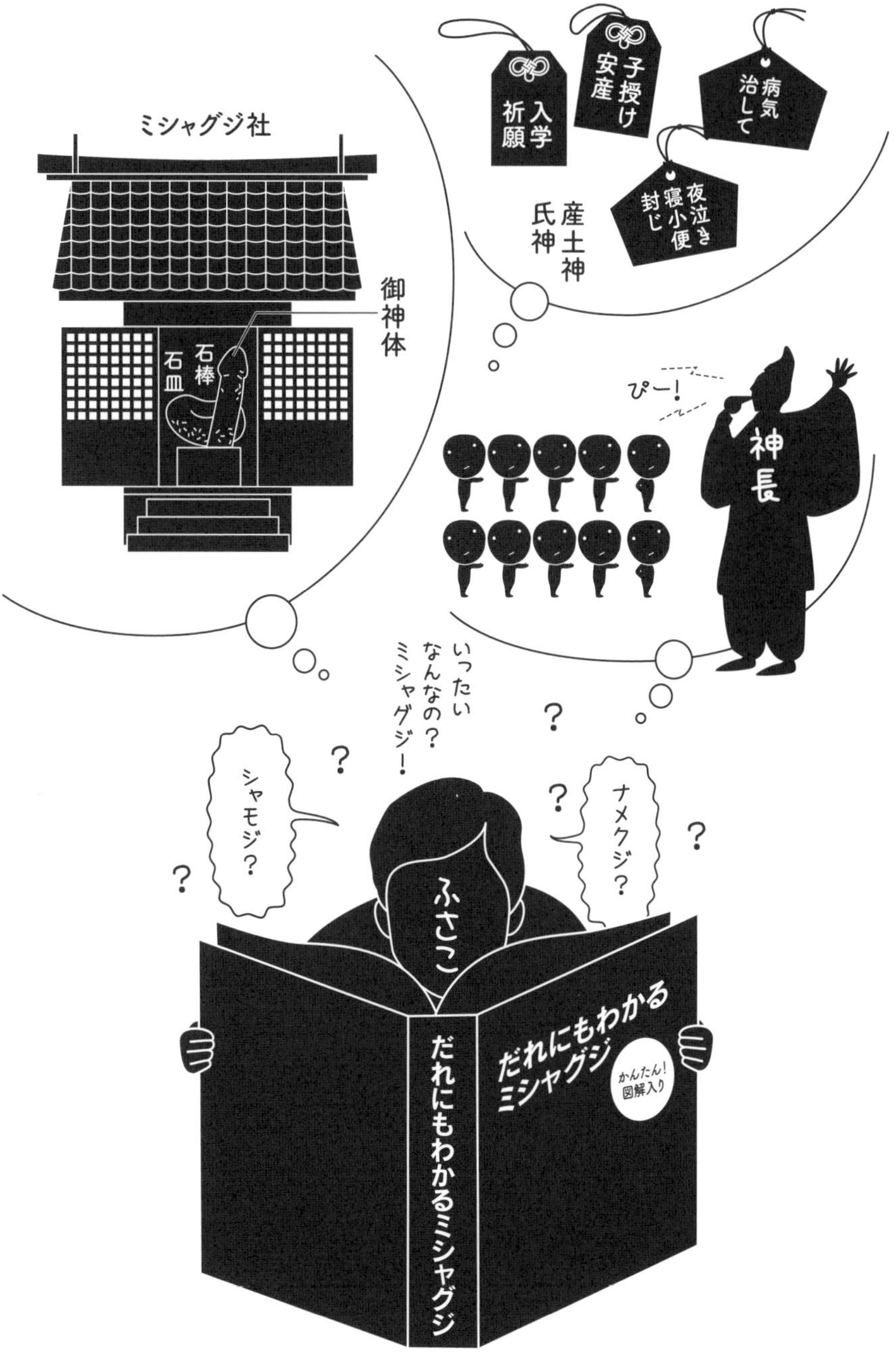

ミシャグジ社
御神体
石棒
石皿
入学祈願
子授け安産
病気治して
夜泣き寝小便封じ
産土神
氏神
ぴー!
神長
いったいなんなの?ミシャグジ!
シャモジ?
ナメクジ?
ふさこ
だれにもわかるミシャグジ
かんたん!図解入り
だれにもわかるミシャグジ

や海山など、その他何でも尋常《よのつね》ならず優れた徳《こと》のある畏《かしこ》きものをカミと言う。優れたとは、尊きこと善きこと功《いさお》しきことなどの優れたことを言うだけでなく、悪しきもの奇《あや》しきものなども、非常に優れて畏きを神と言う。

（『古事記伝』より要約）

善きも悪しきも、超すごくて、超ありがたかったり超恐ろしかったりするものを、「神」という言葉の中に一緒に包み込んでいる感覚。そうそう、それです。古くの日本人も今の日本人も、極めてユルくおおらかに、精霊も人格神も皆一緒という感覚なのでは？　何しろ、明治までは神と仏さえ一体とみて、八百万《やおよろず》の神の中に平気で同居させていたのですから。

そして諏訪のミシャグジは、超恐ろしくもあったようです。存在も取り扱いも「要注意」。穢《けが》れに触れたり禁を破ったりすると、ミシャグジは必ず祟《たた》ると大変恐れられていました。

神長官守矢家が一子相伝で伝えてきた秘法の中に、「ミシャグジ祭祀法」があります。神長官以外の者がミシャグジを扱おうものなら、罰が当たってひどい目にあったとの話も伝わります。

ミシャグジは、ふだんは空《くう》にいて、人間が必要な時に祭りを行い、〝降ろし〟て依《よ》り代《しろ》に〝付け〟、用事が終わるとまた空に〝上げる〟のが基本でした。社に神が鎮座するようになるよりも、はるか昔からの神さまとしての立ち位置だったのでしょう。

その一方で、ミシャグジの名を持つ神社は、諏訪に限らず東日本を中心に至る所に存在します。

昭和30年前後からミシャグジ社とミシャグジ信仰について調査した茅野市の郷土史家・今井野菊は、ミシャグジに関する質問の手紙を全国各地の教育委員会に送り、諏訪から関東、中部、近畿へと点在する2300を超すミシャグジ社を踏査。その分布や由緒を「御社宮司の踏査集成」（『古代諏訪とミシャグジ祭政体の研究』所収）に残しました。

諏訪信仰のある所へ行けば必ずミシャグジがあり、ミシャグジのある所へ行けば必ずお諏訪さまがあったという今井。「諏訪信仰の根幹はミシャグジにあるにもかかわらず、明治からわずかの間でその学問的・歴史的なことが薄れてしまい、前宮をはじめ各地のミシャグジ社が荒れ放題になってしまったことへの危機感が、研究のきっかけだった」といいます。

今井は、次のように記しています。

御左口神は、東海道、東山道両道の本通り沿い・分れ道・枝道・小枝道沿い、海浜から山地へ、山地から平地、平地から峠、峠から谷あいと、山河を要領よくつないで残されています。この古道に沿った、天恵の要所の草分け古村から、草分け古村をつないで遺蹟を残しています。

（『神々の里』より引用）

諏訪では「おみしゃぐじ」と呼ぶのが圧倒的に多く、長野県内では「おしゃぐじさま」や「おしゃごじさま」「おしゃもじさま」などと呼ばれていました。県外に目を向ければ、それこそ地方の訛《なま》りや信仰の変遷でバラエティー豊か。産土神《うぶすながみ》として村で祀っていたり、氏族の氏神として祀っていたり、個人の家で祀っていたり。

ミシャグジは子供の守護神ともされ、風邪や夜泣き、熱病、寝小便、入学成就、さらには安産・子授けの御利益があり、耳や腰から下の病気などに霊験があるとされていたそうです。身近な悩みよろず引き受けの神となって、暮らしに溶け込んできたと今井は分析しています。

諏訪はもちろん各地のミシャグジ社は、石棒《せきぼう》を御神体としている社祠《しゃし》が多くあります。石棒とは、男性器を連想させる棒状の石製品で、縄文時代の遺物の一種。一昔前、郷土史家の間ではミシャグジは石神であり、その御神体は石棒や女性器を象徴する石皿だと言われていました。

ところが、神長官守矢史料館の学芸員、柳川英司さんはキッパリと言います。
「中世の古文書にミシャグジが石の神だなんて証拠は一切出てきません」

それではなぜ、ミシャグジは石棒や石皿と結び付いたのでしょう。

諏訪には旧石器時代から人々が住み、八ヶ岳の麓一帯は縄文王国と言われるほど栄えた所です。至る所に遺跡があり、畑を掘れば石棒や石皿が出ます。

生命の根源を形に表したような石棒や石皿への信仰は、いつの時代にもありました。

畑から出てきた昔の尊い神秘は、身近な神社や祠に持って行って納めるのが一番。ということで、いつの間にか石棒や石皿が御神体となり、ミシャグジは石神だと言われるようになった…と考えられるでしょうか。

奇岩や石棒を御神体として、良縁や安産、病気、子育てなどに霊験があるとされる石神とミシャグジ信仰は、江戸時代以降に合体したのだろうとの説もあります。石神は「いしがみ」「しゃくじん」「しゃくじ」などと呼ばれ、音が似ていることから、ミシャグジとの混同も指摘されています。

中世の古文書に見た諏訪の土地神ミシャグジと、近現代の民俗学的なフィールドワークで見た社祠ミシャグジ。全国各地に見られるミシャグジ的なものが、それぞれ諏訪とどのような関係があるのでしょうか。

謎だらけ、不思議だらけのミシャグジ。でも、諏訪信仰の最古層にいると言われれば、探らないわけにはいきません。

古いがために記録がない、のが今のわたくしにとっては最大の壁ですが、そうは言ってもまずは古文書が頼り。神長官守矢家の記録からひもといていきます。

ミシャグジをめぐる神長の特権

そもそも諏訪のミシャグジは、多産や豊穣をもたらす命の源のような存在で、守矢氏の祖である洩矢神《もりやのかみ》に取り仕切られていた古い土地神だと研究者の間では受け止められてきました。諏訪へ天降《あまくだ》りした明神《みょうじん》との覇権を巡る争いに敗れた洩矢神が新体制に組み込まれ、その子孫の神長《じんちょう》守矢氏がミシャグジを取り扱える唯一の祭祀者として、ミシャグジ祭祀を引き継いできているからです。

土地神の洩矢神と外来の明神、この二つの勢力が合体融合してパワーアップが図られた時、根底にはミシャグジがいたと考えていいのではないでしょうか。

神長守矢氏にとって、ミシャグジを扱うのは〝家業〟でもありました。戦国時代、大祝《おおほうり》の即位式でのお役目を巡って禰宜《ねぎ》と争った神長守矢頼真《よりざね》（１２４p参照）が書いた

『神使御頭之日記《しんしおんとうのにっき》』の天文《てんぶん》15年（1546）の記述を読んでみます。

この年、大熊郷の御頭《おんとう》（年ごとに祭りの費用や労役を奉仕した当番役のこと。頭役）で、千野殿が御左口神《みさくじ》付けのお礼を出さなかったため、神長が御左口神を上げることはできないと言ったところ、千野殿は自分で御左口神を上げた。するといろいろな悪事が重なって、千野家の六郎殿が神長のところへ来て詫びたため、神長の怒りが収まった。また、千野殿は先祖伝来の太刀《たち》を自ら持ってきて神長にくれ、御左口神の怒りも収まるように祈念してもらいたいと言われた。

（『神使御頭之日記』より要約）

神長は、祭りでミシャグジを降ろして依《よ》り代《しろ》に付け、用事が終わると上げることで、お礼の金品を受け取っていました。

この記録は、千野殿がお礼を払わなかったため、ミシャグジを上げてもらえず、勝手

神長
上げ降ろし付け代
鹿皮

に上げたら祟《たた》られた、という趣旨です。六郎殿が謝罪したので神長の腹が癒《い》え、さらに千野殿がやってきて先祖伝来の太刀を差し出し、ミシャグジの怒りが解けるように祈ってほしいと頼んできた、というわけです。これはあくまでも神長側の見解ですが、この件に関して、千野殿が神長にあてた書状にも次のように書いてあります。

大熊郷の御頭で、3月の御左口神降ろしと上げのお礼2貫《かん》と鹿皮2枚を差し出さず、申し訳ありませんでした。特に御左口神を私が上げたことは後悔千万に思い、直接お詫びしてご納得いただきました。結局11月に御左口神付けのお礼の1貫と鹿皮1枚を差し出しました。面目ありません。次の御頭の時は必ず納得していただけるように、後々のために備えて一書をもって申し入れます。恐々謹言《きょうきょうきんげん》

（『千野宗光書状』より要約）

ミシャグジを取り扱うお礼は、降ろす、付ける、上げる、それぞれに銭1貫と鹿皮1

枚が基本だったようです。『県宝守矢文書を読むⅡ』によれば、中世の1貫は米（籾《もみ》）1石（約180リットル）に相当し、現代の金額にして約2万2500円。一式お願いすると3倍の6万7500円。お祭りにかかる費用はこれだけではありません。かなりの負担です。いずれにしても千野殿、平謝り。

さて、神長がミシャグジを降ろして付ける依り代は、聖なる木や石、祭場内の定められた場所や物、そして人にも付けていました。諏訪市の郷土史家・宮坂光昭が、大祝の即位式の様子を次のように書いています。

上社前宮の鶏冠《けいかん》大明神（楓《かえで》の宮、柊《ひいらぎ》の宮とも呼ぶ）で、樹木の下にある大平盤石の座所に葦《あし》をしき、白衣の童子がすわり、そこで化粧され、穀《かじ》ノ葉紋の袴《はかま》をつけて、山鳩《やまばと》色の束帯《そくたい》、加冠《かかん》され、神長（守矢氏）の御左口神おろしの祈念で神がかりして、現人神《あらひとがみ》である大祝になるのである。（中略）柊の木（または楓）は神の「勧請木《かんじょうぼく》」とみ、石の座所は神憑座《かみよりざ》で「降臨《こうりん》石《せき》」とすることができよう。

（『諏訪大社』（信濃毎日新聞社）より引用）

大祝の即位にあたって重要だったのが、特別な御衣を着せる儀式、社例という秘法を授ける儀式、13の社へお参りする十三所行事の三点セットでした。そこで大祝に神格を与える役を担ったのが、服従した洩矢神の子孫の神長守矢氏。神長は大祝にミシャグジを付けたのでしょうか。

神長官守矢史料館の学芸員、柳川英司さんは言いました。

「大祝に神降ろしをしたという記録は何もないのです」

鶏冠社には依り代になる木があって、神が鎮座する石の磐座《いわくら》があって、ミシャグジ降ろしの舞台が整っているのに、大祝には付けていないんですか？　ならばこの舞台装置は何のためなんでしょう。

「付けてないとも言ってないので、私は付けたと思っています」

大祝も神長も存在しない現代ですが、実際に神事を行っている立場の方はどう考えているのでしょうか。

十数社の諏訪系神社の宮司を兼務する宮坂清さんを訪ねました。宮坂さんは、冬の諏訪湖の御渡《みわた》り拝観を担う八劔《やつるぎ》神社の宮司としても知られています。

「大祝が即位する時には、神長がミシャグジの神を降ろして、磐座の上に立っている大祝に付け申すわけです。土地神と新しく移ってきた建御名方神《たけみなかたのかみ》の一族との合体というか、そういう形でこの地が治まっていくのです」

やはり、大祝の即位式にはミシャグジとの合体融合の儀式が含まれていたと考えていいのですね。

「外来の神と土地神の間に争いはあったけれど、勝った外来の神は、今までの祭政体を包含する形でそっくり残しながら、自らは祀られるものとして君臨して治まりました。日本人は、争いがあっても徹底的にたたきつぶして殺してしまうのではなく、包含する形でそのまま継承するという和の精神です。国譲りと同じです。国を譲るということは、和の精神がなければできませんよね。日本人は、そういうものの考え方で争いごとを収めて、自らの持つ高度な文化や技術を提供しながら、共に生きていくのです」

でも、即位式で「ミシャグジ降ろしをした」とか「付け申す」とは、古文書のどこにも書かれていないそうですが。

「そうですか。どこにも書いてなければ何とも言えませんが、大事なところですよね。そこが微妙なところで、神長がそういう儀式をして、いったい何をしているかということになりますね」

いったい何をしているのか…。

そういえば、長野県立歴史館の館長、笹本正治先生に言われたことがありました。「歴史学の一番弱いところは、記録や古文書がないことについて論じられないこと。史料のないことをどう解釈するかが大事です」

神長がすべてを書き残すとは限らず、秘中の秘は秘されていたかもしれず…。当の神事は絶えて久しいわけですし。

宮坂さんも言います。

「今、目に見えていることだけでなく、祭りの中にある根本が何かを知ることが大事です」

さて、神長がミシャグジを大祝に付けた記録はなくても、大祝に従って1年任期で神事を執り行った6人の神使《おこう》に付けた記録はありました。初登場の神使。大祝とはどんな関係なのでしょうか。いつもの『諏訪信重解状《のぶしげげじょう》』で確認します。

大明神は隠居される時、祝《ほうり》を化身として拝むようにおっしゃって、神《じん》の姓を与えられた。（中略）次に神氏一族の子息をもって6人の王子の化身とし、これを神使と号した。毎年正月1日に御占《みうら》でこれを定め、1年中に百余度ある神事では、神使が先に立ってお仕えする。

（『諏訪信重解状』より要約）

大祝が明神の化身であるならば、6人の神使は明神の王子の化身。神使には、大祝の一族である神氏の子息から10歳未満くらいの童子が選ばれました。

選ばれた神使にミシャグジを付けたことは、神長家に伝わる室町時代の上社祭礼に関する記録『諏訪御符礼之古書《みふれいのこしょ》』の冒頭、ミシャグジ祭祀に関する記述の中に、「神使殿達に御左口神付け申す儀式の事」とありました。はっきりミシャグジを付けると書いています。その儀式では、「この時初めて烏帽子《えぼし》と狩衣《かりぎぬ》を着せ、極位《ごくい》の大事を授け奉る」と、大祝の即位式と同様の儀式が行われていました。

神使の位に就く時も、大祝と同様の儀式が行われていたならば、やはり大祝にもミシャグジを付けていたのでは…と思ってしまいます。神長、そこははっきり書いておいてほしかった。

神使に選ばれた6人の童子は、それぞれ精進屋を建て、30日間の厳しい精進が課せられます。

精進始めの日は2月辰《たつ》の日。元服の時、武田信玄から信の字をもらった67代神長守矢信真《のぶざね》が記した『三月御頭之次第《おんとうのしだい》』に、ミシャグジ付けのことが記されていました。

精進始めの時、神長官が精進屋へ行き、御左口神を付けた。

（『三月御頭之次第』より要約）

この時、神使にミシャグジを付けたのです。

ところで精進の30日間、幼い男の子はいったいどんなことをしていたのでしょうか。

嘉禎《かてい》3年（1237）に制定された、人の死に関する20カ条の物忌《ものいみ》令を元にした『諏方《すわ》上社物忌令之事』という古文書があります。その中の「御左口神の御精進の事」には、「上10日は日に1度の垢離《こり》、中10日は日に2度の垢離、末10日は日に3度ずつの垢離なり」とありました。1カ月を上・中・末の各10日に分け、冷水を浴び身体の穢《けが》れを取って清浄にする垢離の行を重ねていたようです。ちなみに、「御精進屋へ入る人は前に7日精進して入るべきなり」との記述もあって、精進屋へ入る前段階にも7日間の精進が課されていたことがわかります。

諏訪の寒さ厳しい中、今でいう小学生低学年の男の子が日常の生活から離れ、日に2度3度と水垢離をして、清浄ステージを上げていたということでしょうか。

精進屋には、神使の食事を作る料理人や従者もいましたが、共に心身を清めて神使の精進に支障がないようにすることが求められました。10日ごとに身辺の食器や衣服をはじめ器具調度もことごとく新調して、ミシャグジを祀る儀式を行い、清浄の上にも清浄が求められたことがうかがえます。

2 ミシャグジ神事は何のため

特別なミシャグジのお役目

鎌倉時代半ば、嘉禎期《かてい》（1235〜38）のものとされる古文書に、特別なミシャグジが登場します。

神々に神楽《かぐら》を捧げる時の祝詞《のりと》が記された『祝詞段』に「前宮　廿《にじゅう》ノ《の》御社宮神《みしゃぐじ》大明神」とあり、同じく諸神の神楽歌について書かれた『根元記』にも「前宮ワ廿ノ御社宮神大明神」とありました。前宮に二十のミシャグジが祀られているというのです。

これまで登場していたミシャグジは、言ってみれば霊力であり、精霊のようなイメージで、祭りの時に降ろされて依《よ》り代《しろ》に付けられ、用事が終わると上げられていました。こうした〝普通のミシャグジ〟とは違い、前宮の〝二十のミシャグジ〟は特別なお役目を担っているという「別格感」がぷんぷんしています。

この特別な二十のミシャグジについて調べると、伊藤冨雄という名前がひんぱんに出てきます。中洲《なかす》村（現諏訪市）出身で、同村の村長や長野県副知事を務めた後、広く史料に目を通して学術的に分析し、諏訪研究に大きな足跡を残した人です。

伊藤は、前宮一帯で行われていた祭祀の研究などを通して、「前宮の祭神は二十の御《み》左口《さくじ》神であると考定するものである」と言っています。つまり、前宮の神事をたどっていけば、伊藤が「前宮祭神は二十のミシャグジ」説に至った理由だけでなく、中世の人々がミシャグジの霊力をどう考え、どう頼りにしていたかという肝心なことが見えてくるかもしれません。

善は急げ！　早速、前宮一帯でのミシャグジ神事を追ってみましょう。参考にするのは、室町時代の神長が上社の年間神事について月日順に記録した『年内神事次第旧記』と、それを解釈した伊藤の『諏訪上社「年内神事次第旧記」釈義』です。

ミシャグジが集中的に力を発揮する神事は、厳冬期に行われます。

大祝《おおほうり》や神長《じんちょう》は旧暦12月から翌年の3月まで、前宮の下方にあった神殿《ごうどの》（大祝の屋敷）近くの御室《みむろ》と呼ばれる建物にこもって、神事を行いました。御室とは、冬ごもりのために大穴を掘ってその中に柱を立て、棟を高くして萱《かや》を葺《ふ》いた、半地下の竪穴住居に似た建物です。

12月22日、神長たちが御室に入ります。『諏方大明神画詞《すわだいみょうじんえことば》』（以下『画詞』）によると、「今日第一の御体を入れ奉る。大祝以下神官参籠《さんろう》す」とあり、『画詞』の写本に神長が書き込みを加えた神長本には「今日、御左口神、二ケ所に御入り有り」とあります。この時、前宮に祀られている二十のミシャグジを御室に移すと考えられます。

23日、諏訪の祭政を領地として支えた内県《うちあがた》と外県《そとあがた》、大県《おあがた》から1体ずつ納められた3体の小蛇を御室に入れます。この三つの県《あがた》がどこを指すかは諸説ありますが、伊藤冨雄は「内県は諏訪郡の地、外県は伊那郡の北半、大県は内県・外県を除きたる信濃国内神《じん》氏族の占拠地と考定するものである」と言っています。小蛇たちは、体に飾りの麻や紙を着けて神霊を込められ、御神体とされます。今ではすっかり忘れ去られてしまった「ソソウ神」という神も、「うれしみ喜びて仕えまつりぬ」と迎えられていました。

24日、御室の中にある特別な神座である萩組《はぎくみ》の座へ、左から笹に付けた二十のミシャグジを、右から前日の御神体とされた3体の小蛇を入れます。

25日、今度は体長5丈5尺（約16・5メートル）もある萱製の大蛇3体を御室に入れて、小蛇同様に神霊を込めます。この夜、大蛇3体を歓迎する二十番舞が徹夜で演じられました。

この一連の神事について、民俗学や考古学に関する1970年代の雑誌『どるめん』元編集長、田中基《もとい》さんは次のように記しています。

これは、前日に萩組の座の強度の空間にミシャグジ神と一緒に入った小蛇三体が、一夜のうちに異常生育していることの表現であると思われる。神霊の増殖の描出である。そして、そのはたらきかけが成功し、大蛇三体になった喜びの徹夜の舞曲である。（中略）
折口信夫《おりぐちしのぶ》は冬《ふゆ》の語義は「魂《みたま》の増殖《ふゆ》」からきているといっている。この小蛇から大蛇への異常生育は冬期に地下に沈潜している大地のエネルギーに見立てた小蛇が増殖し、充ちてきたことの象徴的表現であろう。

（『諏訪大社』（郷土出版社）より引用）

前宮から移した二十のミシャグジが、大地のエネルギーを象徴する小蛇に対して働きかけて、一晩で大蛇に育て上げたということでしょうか。

蛇は冬眠の後、巣穴を出て脱皮し、繁殖します。冬眠中にエネルギーを充電し、春に生命が再生して繁殖する理想の姿です。『画詞』では御室入りのことを「穴巣始《あなすはじめ》」と言っていますが、御室神事は、蛇の冬眠の巣穴に見立てた半地下の空間で冬ごもりして、生命の再生と繁殖の春に向けての祭りだと田中さんは解釈しています。厳冬期に行われることに、大きな意味があるのでしょう。

田中さんに聞きました。萩組の座に二十のミシャグジと一緒にこもった3体の蛇は、とても重要な役割を果たしているんですね。

「蛇体の神事があるたびに、蛇体に向かって申立《もうしたて》（＝祝詞）が行われていて、その内

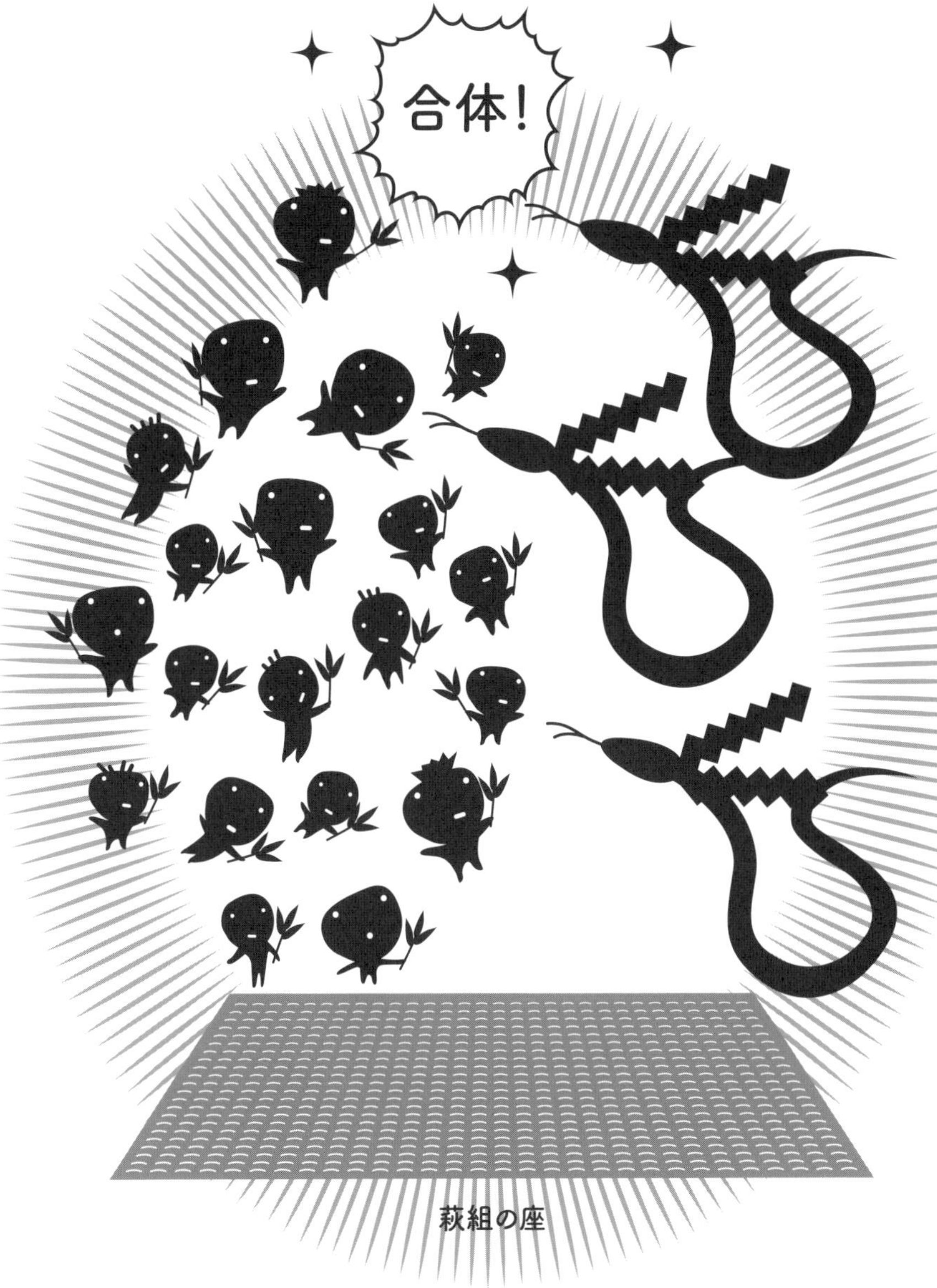

萩組の座

容を見ると〝ソソウ神〟が蛇体の正体のようです」

御室に小蛇を入れた日に「うれしみ喜びて仕えまつりぬ」と迎えられた神、ですね。「ソソウ神とは、諏訪湖の水底から迎え入れる祖宗神のことです。それも一族の始祖が神格化されたものという程度のものではなく、生命が水から生まれて上陸してくる、系統発生的な縄文の生命観に基づいた神体を意味しています」

何だか壮大な話になってきました。生命を象徴するソソウ神と、二十のミシャグジを御室で出会わせてどうするんでしょう。

「御室でミシャグジとソソウ神が性交しているというイメージです。御室は大地の子宮であって、春になると出産です」

えっ、いったい何が生まれるんですか。もしかして、生まれるのは…神使《おこう》？　諏訪明神の王子の化身とされる神使ですか（195p参照）。

「そうですね。3月に神使が主役になる『神使御頭《しんしおんとう》』というお祭りがありました。そこに登場する時の神使は、赤袍《せきほう》（赤い上衣）の下に半尾《はんび》という2丈5尺（約7・5メートル）の赤い裾《すそ》をつけ、頭には真綿で包まれた立烏帽子《たてえぼし》をかぶっていました。それは、頭に胞衣《えな》を付けたまま、真紅の尻尾を引きずった半人半蛇の異人《まれびと》の姿。大地の子宮である御室で育まれ、いよいよ春になって、出産シーンの表現をしているのです」

二十のミシャグジとソソウ神が交わって、生まれ出てきたのが神使と解釈できるとは。

厳冬期、御室では豊作を願う祭りが繰り広げられ、神使の誕生に向けて着々と神事が進むというのが田中さんの説明です。

「豊作と奉仕」は神さまとの契約

特別な二十のミシャグジは、再生と繁殖の春に向けての準備だけがお役目ではありません。神使《おこう》たちに付くミシャグジも、二十のミシャグジなのです。

元日の深夜、神長《じんちょう》は御室《みむろ》の萩組《はぎくみ》の座で大祝《おおほうり》と対座し、これから1年間の祭りで重要な役割を担う神使6人と、同様に1年間奉仕する14の御頭《おんとう》（当番役）と呼ばれる村を決めるための御占《みうら》を行います。

各村の祭祀の代表者が村代神主《むらしろこうぬし》です。村代神主は、神田《しんでん》を経営して上社の神事費用を負担し、上社の神事に従事していました。

この時、新しい神使6人と村代神主14人のために、新たな二十のミシャグジを神長が迎えます。12月22日に前宮から移された二十のミシャグジは、毎年元日の夜の御占の際に更新されるのです。新任が決まると、二十のミシャグジも神使も村代神主も、前任はお役御免でバトンタッチです。新たに迎えられた二十のミシャグジは、神札のようなものに付けられていて、新任の元にそれぞれ届けられます。

村代神主には神使と同様、届けられたミシャグジが神長によって付けられます。そして神使と同様の精進をしなければなりませんでした。

精進を終え、神使が主役となったのが、神使御頭《しんしおんとう》というお祭り。神使は、諏訪郡内外の内県《うちあがた》と外県《そとあがた》、大県《おあがた》の3方面を2人ずつ分かれて回りました。

八劔《やつるぎ》神社宮司の宮坂清さんは言います。

「郡外不出の禁がある大祝の代理として、ミシャグジが付けられた神使たちが、春の耕作開始期に諏訪の祭政を支える村々を廻って、豊作を土地神に約束させて帰ってくると理解するのが妥当かなと思います」

外県に向けた出発式は、3月初午《うま》の日に行われます。

内県と大県には、3日後の酉《とり》の日に出発します。『神長官守矢史料館周辺ガイドブック』によると、こちらの出発式は大御立座神事《おおみたてまし》と言ったり御頭祭《おんとうさい》と言ったり、あるいは酉の祭りとも言い、神事の内容は外県の出発式と同じですが、上社でいちばん盛大な祭りとして知られていました。

前宮下方の神殿《ごうどの》や神原廊《ごうばらろう》（十間廊《じゅっけんろう》）で神事が行われ、『諏方大明神画詞《すわだいみょうじんえことば》』（以下『画詞』）に「神事饗膳《きょうぜん》あり。鳥や獣を高盛りにし、魚類の調味に美を尽くす」と書かれた供物や御馳走が用意されました。上社の場合、神に供えた飲食物を、神事の後おろしていただく直会《なおらい》ではなく、神と一緒に食事を楽しむ「神人共食」の儀式が繰り広げられたのです。

神使の巡行は「廻湛《まわりたたえ》」と言われ、各地の「湛《たたえ》」と言われる場所で神事を行いました。湛がどんな場所かはよくわかっていません。おそらく依り代《よしろ》となる巨木があり、その根元に磐座《いわくら》があったり祠があったりという、〝普通の〟ミシャグジ降ろしの場所や小社でしょう。

廻湛は3方面で同時進行の期間があり、ミシャグジ担当の神長がすべてに同行するのは物理的に不可能でした。それぞれの湛で神使の一行を迎えた村代神主は、ミシャグジを付けられていて、神長の代理として神事を取り仕切ったということでしょうか。

出立する神使には、「御杖《みつえ》」と御宝鈴《ごほうれい》の「さなぎの鈴」が授けられました。御杖は、祭りに参加した神《じん》氏系列の氏人《うじびと》が毛髪1本を付けて献じた榊《さかき》の枝を、神長が一束に結び合わせたもので、湛の神事で使う依り代と考えられます。神氏の祭りという意味合いもあったのでしょう。さなぎの鈴は6個1組の鉄鐸《てったく》で、舌《ぜつ》が付いていて神聖な音がします。「誓《うけい》の鈴」とも呼ばれ、誓約の鈴として知られていました。

『画詞』には、「廻神と称して村民是を拝す」とあります。各村の人々は、鳴り響くさなぎの鈴の音に命の萌え出す春の喜びを感じながら、豊作祈願がかなったら、上社に対する収穫物の奉納と奉仕を行うことを誓ったに違いありません。

3月丑《うし》の日、3方面に分かれて廻湛に出ていた神使一行のうち、外県と内県チームが帰ってきます。神使へのミシャグジ付けのことを書いた『三月御頭之次第《おんとうのしだい》』によると、この日、神使に付けていたミシャグジを上げ、30日間の精進をした精進屋を取り払うとありました。一方で同じ日、御室の二十のミシャグジは「御さゝ御左口神《みさくじ》前宮へ入れ申

諏訪明神
豊作
契約書
奉仕
お供え
お祈り
お祭り
諏訪の人々

す」（『年内神事次第旧記』）と、笹に付けて前宮に移され、次の12月に御室へ移されるまで前宮に納められるのです。これが伊藤富雄の「前宮祭神は二十のミシャグジ」説の根拠の一つです。

と、ここまで書いたところでムクムクと疑問がわき上がってきました。

元日の夜、御室に新たに迎えられた二十のミシャグジは、新任の神使や村代神主の元に届けられた一方、御室にも残っていたということですね。ということは…、二十のミシャグジは〝分身の術〟が使えたのでしょうか。

「うぅむ…」。神使たちのスケジュールをチェックしながら、なんでこんなことを大まじめに悩んでいるのか。でも、これはさもない問題でした。

八劔神社宮司の宮坂さんはサラリと言いました。

「それはブンシですね」

はぁ？　ブンシ。

「要するに、日本の神道の神はみんなそうですが、一つだけだと思ったら、それが分霊される。分祀《ぶんし》されるわけです。神社も、例えばお稲荷さんが全国に霊が分けられていく。イコールなんです」

あぁ！　神道用語で言うと分祀。やっぱり分身の術ではないですか。

二十のミシャグジが前宮に納められた翌日の寅《とら》の日には大県チームも帰り着き、6人そろった神使は、上社本宮の神事に参加した後、前宮にお参りします。

神使の廻湛は冬にもあって、『画詞』によると11月28日が出立日でした。冬の廻湛は、収穫の終わった各地を回り、春の廻湛で降ろした普通のミシャグジを上げ、人々から豊作のお礼の奉納を受け取ったと考えられます。

前宮一帯をベースに行われたミシャグジ神事は、繁殖と誕生を支える豊作を約束してもらう代わりに、礼を尽くして奉仕するという神さまとの契約の形ではないかと思いました。その根底にあるのは、命の源に対する敬虔な祈りであるような気がします。

ミシャグジだけがタタルのか

八剱《やつるぎ》神社宮司の宮坂清さんは、廻湛《まわりたたえ》の湛《たたえ》についてこう話します。

「タタエとはタタルということ。善きにつけ悪しきにつけ、神あるいは霊力が現れることをタタリと言います。その場所がタタエ」

タタリといえば、ミシャグジの恐ろしいタタリです。

神使《おこう》の精進について、『諏方大明神画詞《すわだいみょうじんえことば》』（以下『画詞』）にこんな記述がありました。

それぞれ新しく精進屋を造って精進を始める。まず神長が精進屋で御作神《みさくじ》という神の神事を行い、神使の食物、飯酒魚鳥を供える。日々の行水と散供《さんぐ》（神前に銭や花、米などをまいて供えること）と祓《はら》いを厳重に行う。料理人や従者も共に心身を清める。精進屋の周りを女性が歩き回ることを禁じる。もし穢《けが》れに触れることがあれば、この神は必ず崇《たた》りをなす。鳥や犬に至るまでその罰をこうむる。不思議な事である。

（『諏方大明神画詞』より要約）

禁を破ればミシャグジは必ず祟り、罰が当たると言っています。ミシャグジは、上社の神事に欠かせない大切な存在である一方で、祟りをなし、罰を当てると大層恐れられていたと伝わります。

『画詞』には、情け容赦ない神罰の話も載っていました。

白河院の時代のこと。大祝《おおほうり》の為信《ためのぶ》は長男の為仲《ためなか》を大祝に立てて、自らは社務を行っていた。そこへ、八幡太郎義家《はちまんたろうよしいえ》から為仲に上洛の誘いがあった。大祝は、郡内を出てはならないことも大明神垂跡《すいじゃく》以来のならわしだ。父為信がしきりに教え諭したが、為仲は義家と約束したことだからと出発してしまった。

ところが、郡境に至るまでに馬が7頭も倒れて死んだので、一族従人がなおも諫《いさ》めたが、為仲は聞く耳持たず「もし神慮に背いたなら、我が身が終わるだけだ」と上洛を続けた。一行は美濃国（岐阜県）莚田庄《むしろだしょう》芝原に至り、義家の弟、義光《よしみつ》から酒宴に呼ばれ、双六《すごろく》を打ったところ思いがけず争いが起き、双方に多数の死傷者が出てしまった。為仲は理を得ず、ついに自害した。この災難は、ひとえに神罰がもたらしたものだ。（中略）為仲の子息為盛《ためもり》には子孫が多くいたが、神職を継がなかった。神慮は最も恐れるべきなのだ。その後、為仲の弟・為継《ためつぐ》（為信の二男）が大祝に立ったが3日で頓死。またその弟の為次《ためつぐ》（同三男）を立てると、7日で死んだ。父祖といえども後継を自ら選べないと言われている。そこで四男の為貞《ためさだ》を立てたところ神慮にかない、以後十余代続いている。

（『諏方大明神画詞』より要約）

諏訪明神の化身の大祝といえども、禁を破ればこれでもかという神罰の嵐です。ミシャグジの祟りの力恐るべし。でも、それだとミシャグジの方が明神よりも立場が強くなってしまいませんか。こんなことでいいんでしょうかと、神長官守矢史料館の柳川英司さんに聞いてみると…。

「史料を見る限り、こういうことをしたので罰が当たったとか、神罰で死んだとは書いてありますが、ミシャグジが神罰のもとだとも、そうではないとも、一言も書いてないはずです」

それでは大祝に神罰を下したのは誰？　誰なんですか。

「念頭に置いているのは諏訪明神ですよね、明らかに。神慮と書いてあるので、諏訪明神の祟りで神罰。ミシャグジも含めたものかもしれないし、そうでないかもしれません」

ははぁ。大祝為仲は禁を破って郡外に出たので明神の神罰が下り、明神の神慮にかなった後継者が四男だったということか…。「ミシャグジは、諏訪明神の下で働く霊力」という関係性からすれば、諏訪明神の意向を受けてミシャグジが祟ると考えられます。

ミシャグジと祟り・神罰について史料をあたっていたら、明神の意向を受けて働く神がいました。『諏訪御符礼之古書《みふれいのこしょ》』の文明《ぶんめい》3年（1471）のところ、室町中期の神長《じんちょう》、守矢満実《みつざね》から上飯田の坂西《ばんざい》氏にあてた書状です。

御符《みふ》とは、祭りに奉仕する御頭《おんとう》（当番役）に当たったことを知らせる辞令書のこと。この書状は、御頭に当たった坂西氏が、御符の礼銭を滞納しているのを責める内容です。坂西氏の言い分の非を指摘して「諏訪上下十三所二十御左口神《みさくじ》も御罰候へ」とありました。早い話が「勝手な言い分で御符礼銭を納めないと、これらの神々が罰を下すだろう」と迫っているわけです。

おさらいしておくと、「諏訪上下」は上社と下社の神。「十三所」は上社に付属する重要摂末社《せつまっしゃ》で、大祝が即位のあいさつ回りをした13社の神。そして「二十御左口神」は、その年の神使6人と村代神主《むらしろこうぬし》14人のために神長が迎える二十のミシャグジのことです。神長は、これらの神々が罰を下す存在と認識していたのでしょうか。

書状の後には、坂西氏がようやく御符礼銭を届けてきたことが記され、さらに「その罰で坂西は子ができず、明応《めいおう》3年（1494）の上飯田の御頭の年に坂西の妻が37歳で亡くなり、坂西は出家した。神罰は眼前である」と、満実の解釈が書かれていました。神長は、出した手紙の控えもしっかり残して、結末まで書き加えていました。

明神の意向であろう神罰の話に、ミシャグジが出てくる記録がほかにもありました。『守矢満実書留《かきとめ》』の中の寛正《かんしょう》5年（1464）、申《さる》の御柱年のこと。

定め通りの日に御柱を曳《ひ》かなければならないのに、皆、甲州に出陣してしまって御柱を曳く人足がいない。延期する案も出たが、自分たちの都合を優先して神慮を後回しにすると神罰を与えられるという。
かつて応永《おうえい》29年（１４２２）の御柱年に、自分たちの都合で延期したら、おとがめで前宮一の御柱を引き建てようと綱をかけた大木が折れ、参拝の人を幾人も打ち殺したのをはじめ、後々まで悪事が重なった…という神長家の記録を見て、「神慮は恐ろしい。出陣も神慮に背いてはロクなことにならない」と、急いで陣を引いて帰るよう甲州へ飛脚を立てた。
これを受けて総退陣して帰ってきた人々は、定め通り御柱を曳き、大雨の中で宮川を渡したところ、日が照り出した。貴ぶべきは当社の神慮である。

（『守矢満実書留』より要約）

とにかく「定めに背くな。神慮に背けば、必ず神罰をこうむる」です。領地や命がかかった戦よりも、神慮にかなうよう定め通りに祭りを行うことが最優先。戦より祭りでした。

この書留の中で、注目したい部分は次です。「引き建てようと綱をかけた大木が折れ、参拝の人を幾人も打ち殺した」の後に、こんなことが書かれていたのです。

その時、神力著しい不思議があった。折れた大木の木の股から、神使殿たちが少しも打たれずに現れたのだ。皆これを拝んだ。誠に神使殿たちは当社御神の王子であり、（中略）御左口神《みさくじ》と申すも十三所と申すも当社の王子と御一体であると今こそ思い合ったと、ますます祈念しない人はいなかった。

（『守矢満実書留』より要約）

「神使殿たちは当社御神の王子であり」はいいとして、問題はその次。「御左口神も十三所も当社の王子と御一体である」、つまりミシャグジも十三所の神も、諏訪明神の王子と一体だと皆が思ったというところです。

十三所は、もともとは土地神を祀っていたのに、いつしか明神の王子を祀っていると

ぷんぷん
怒り！
諏訪明神
十三所の神
ミシャグジ
戦死
落馬
折れた木の下敷き
病気

されるようになったお社《やしろ》。土地神も王子もミシャグジも、明神の下で働いていたのが一体になってしまった。「実は、諏訪の土地神は明神の子どもだったのよ」といきなり言われた後出しジャンケンのようではありませんか。

神長官守矢史料館の柳川さんによれば、このように考えられるようになった理由は不明ながら、中世から近世にかけてそう考えられ、文書に記されてきたのだそうです。

こうした考え方は、近世以前にとどまりませんでした。

現在、諏訪地方に点在するミシャグジの名を持つ神社、「御社宮司社」や「御頭御社宮司社」の祭神に、ミシャグジの名は出てきません。出てくるのは、御子神《みこがみ》と建御名《たけみな》方神《かたのかみ》ばかりです。

長野県神社庁監修の『信州の神事』所収の「長野県神社一覧」で、ミシャグジ社の祭神を見ると、「諏訪大神御子神合祀」や「健御名方命御子神合祀」「健御名方命・御子神」と記されていたり、「建御名方命」のみ、あるいは「彦神別命《ひこかむわけのみこと》」や「池生命《いけのうのみこと》」という御子神の名前が記されたりしています。

そもそも御社宮司社や御頭御社宮司社がいつ頃なぜ出来たのかが、はっきりしません。いくつかのミシャグジ社の由緒を見ると、神使御頭《しんしおんとう》というお祭りの御頭（当番役）に当たった時に、祭祀のために建てたようです。元日の夜、神長が御占《みうら》を行い、その年の御頭が決まると、担当ミシャグジが届けられます。届けられたミシャグジや、御頭に当たったことを知らせる「御符」という辞令書を納めて祭祀を行うために、祠《ほこら》が造られたのが始まりと考えられます。

でも、1年間の御頭の務めを終えれば、担当ミシャグジもお役御免。八劔神社宮司の宮坂さんは言います。

「終われば精進屋や祠を全部解体してゼロにしておく風習が、せっかくだからと、祠を残す場合があったのですね」

常駐の祭神に向かないミシャグジの代わりに、一体の王子や〝親〟である建御名方神が役割を引き受けたのでしょうか。

「時代が変わり為政者が変わり、地区の区割りや神社制度が変わっていく中で、今、こうした社祠が法人格を持って、一つの神社として存在しているものもあるのです」

いずれにしても、諏訪にいらっしゃるさまざまな神さまたちの強力な一体感を感じます。これは、古くからの土地神や外来神が合体してパワーアップしてきた諏訪の地ならではは。怒っているのは明神で、その意向を受けて祟るのは、いろんな神さまでした。でも、祟って厳しい神罰を下すのは、ミシャグジの専売特許であってほしい気もします。

前宮はどこにあったか

3月丑《うし》の日から12月の御室《みむろ》入りまで、二十のミシャグジが納められていたのは前宮でした。

だからといって、前宮の祭神がミシャグジだといえるわけではありません。なぜかというと、戦国時代から江戸時代初期に作られた『上社古図』(『伝天正之古図《でんてんしょうのこず》』とも言う)に疑問があるのです。

これを見ると、現在の前宮本殿の辺り、4本の御柱に囲まれた真ん中近くに「御左口神《みさくじ》」と書かれた社があります。しかも、右側の一と四の御柱の間に「前宮」と書かれた社が描かれているのです。つまり、二十のミシャグジを祀る前宮とは別に、御左口神の社があって、御左口神の社の方がメインを張っている感じなんですよね。

これについて伊藤冨雄は『諏訪上社「年内神事次第旧記」釈義』で次のように記しています。

『伝天正之古図』を閲するに、前宮は中央に大きな祠があって、これが即ち御左口神と註されており、四本の御柱も五間廊もこれを対象として建てられていることが明瞭に判るのである。もっとも前宮なる祠もないのではないが、それは一の御柱と四の御柱との間に介在しておって、しかも極めて矮小のものので、これが前宮崇拝の対象たる本殿であるとは決して考えられないのである。

（『諏訪上社「年内神事次第旧記」釈義』より引用）

中央にある「御左口神」を二十のミシャグジを祀る前宮であるとして、一と四の御柱の間にある「前宮」については度外視です。しかも現在の祭神、建御名方神《たけみなかたのかみ》の妻である八坂刀売神《やさかとめのかみ》との関係も何も言っていません。伊藤は、八坂刀売神について「前宮の祭神は八坂刀売命であるというのが通説となっているが、かかる官僚的祭神観は暫《しばら》く措《お》く」と片づけています。すっきりしないのです。

中世の史料から見る前宮は、現在のように本宮と並んで上社を形作っているお社ではありませんでした。大祝《おおほうり》が即位の際、あいさつ回りをしなければならなかった上社付属の重要摂末社13社の2番目にリストアップされていた「前宮大明神」こそが前宮だったのです。

鎌倉時代半ばの古文書『根元記』に「前宮ワ廿ノ御社宮神《にじゅうのみしゃぐじ》大明神」とあったことは前に書きました。その『根元記』の中に「前宮大明神　前屋佐方乙女命」の1行がありました。「前宮の祭神は前ヤサカトメノミコトだ」とはっきり言っています。

ただ、なぜヤサカトメの前に「前」が付いているのか気になって、「前」を漢和辞典で引いてみると、「人、特に女性を敬っていう言葉」。そういえば、平安時代前期の史書『三代実録《さんだいじつろく》』の神位授与の記事にも、建御名方神の妃という表現で「建御名方富命前八坂刀売命」と書かれていました。

「前」について、昭和5年（1930）に諏訪神社奉賛会が発行した『諏訪神社鑑《かがみ》』では「『前』は御前《みまえ》に侍《はべ》る義で、正妻の妃をいい、即ち前宮は妃の宮というに同じであ

上社古図
御左口神
前宮
ふさこ
どっちに入れるの？

ります」と解説しています。ならば、中世の前宮も「妃の宮」だったということでしょうか。

とすると、妃神を祀る前宮に二十のミシャグジを納めた？　いや、『上社古図』には御左口神の社があって、それがメインで、前宮は隅で小さくなっている…。

わたくしが不思議に思うまでもなく、『上社古図』の前宮と御左口神社は、長い間研究者が首をひねってきた問題でした。

諏訪の信仰や歴史・民俗の研究集団「スワニミズム」の事務局長、石埜三千穂《いしのみちほ》さんが出した一つの推論はこうです。

『スワニミズム』第4号「諏訪御子神《みこがみ》としてのミシャグジ」によると、石埜さんが注目したのは、中世の神長《じんちょう》が大祝の即位式を記録した『大祝職位事書《おおほうりしょくいことがき》』の記事。文明《ぶんめい》16年（1484）に行われた宮法師丸の即位に伴い、上社の重要摂末社にあいさつ回りをする十三所行事のくだりで、前宮に関する部分を超簡約すると、「前宮へお参りして御左口神の御前で神事を行い、前宮大明神の御前で十三所行事の秘法を授ける神事を行った」となります。石埜さんは、最初に出てくる前宮は境内エリアを指し、後の前宮大明神が前宮社そのものを指していると言うのです。

なるほど。この説によれば、『根元記』に出てきた「前宮ワ廿ノ御社宮神大明神」は、「前宮の境内にある二十のミシャグジを納める御左口神社」だと解釈できます。

でも、『上社古図』で御左口神社の方が前宮社よりメインを張っているように見えることに、もう一つ釈然としません。

『上社古図』には、本宮近くの宮田渡《みやたど》に描かれた大祝の屋敷が見えます。戦国時代から江戸時代初期、前宮の下方の神原《ごうばら》にあった大祝の屋敷が、本宮寄りに移転したことがわかります。ミシャグジの力を頼んで重要神事を行っていた前宮一帯は、大祝の移転以降、衰退の一途をたどり、いつの間にか前宮にあった御左口神社も姿を消してしまいました。御左口神社はどうなってしまったのか。

これについては、「前宮と一体化したのでは」と言う人もいますし、わたくしなどは、「村々にある御左口神社の大元だ」とされる神長官守矢邸の御頭御左口神《おんとうみさくじ》総社《そうしゃ》に合祀されたのでは、と思ってみたりしています。

ちなみに、その後の前宮ですが、明治11年（１８７８）の『諏訪神社取調書上』には、摂社前宮は前八坂刀売命を祀るとあります。八坂刀売命を祭神とする摂社前宮が、下部の神原を含んで独立昇格して本宮と同等になり、本宮と一緒に官幣中社となったのは明治29年（1896）のことでした。

3 現代に生きる諏訪信仰

今も空《くう》にあるミシャグジ

明治になってミシャグジは、表舞台からどんどん消えていきました。明治政府が、祭政一致の立場から神道の国教化を目指し、神社を通して信仰の中央集権化を押し進めたからです。祭神が『古事記』や『日本書紀』に沿って統一され、祭りを統一するため、伝統ある祭りも改廃されました。

神職の世襲制も廃され、ミシャグジを一手に取り仕切っていた神長官《じんちょうかん》は解職となってしまいます。神長官が一子相伝で伝えてきたミシャグジ祭祀の秘法は、伝えられずに途切れてしまいました。

ミシャグジは降ろされることもなく空にあり、ミシャグジの名を持つ神社はあっても、祭神は御子神《みこがみ》や建御名方神《たけみなかたのかみ》。

諏訪信仰の根底にあり、上社の神事に欠くことのできなかったミシャグジは、人々からほとんど忘れ去られ、毎日が日曜日になってしまったのか…。ミシャグジ、さぞやつれづれを持て余しているに違いない、と思ったのもつかの間。諏訪大社の公式サイトで上社の年間祭事表を見てみると、ミシャグジの出番がありました。

1月下旬～2月中旬　御社宮司降祭《みしゃぐじおろしさい》　境じめ神事
9月～10月頃　御社宮司昇祭《あげさい》

ミシャグジ担当の神長官がいなくなって約150年を経た今も、ミシャグジを降ろしたり上げたりする神事が行われているのです。いったい誰が。

八劔《やつるぎ》神社宮司の宮坂清さんに聞きました。

「この神事は、上社と下社の重要な祭りに当番制で1年間奉仕する『御頭郷《おんとうごう》』を務める

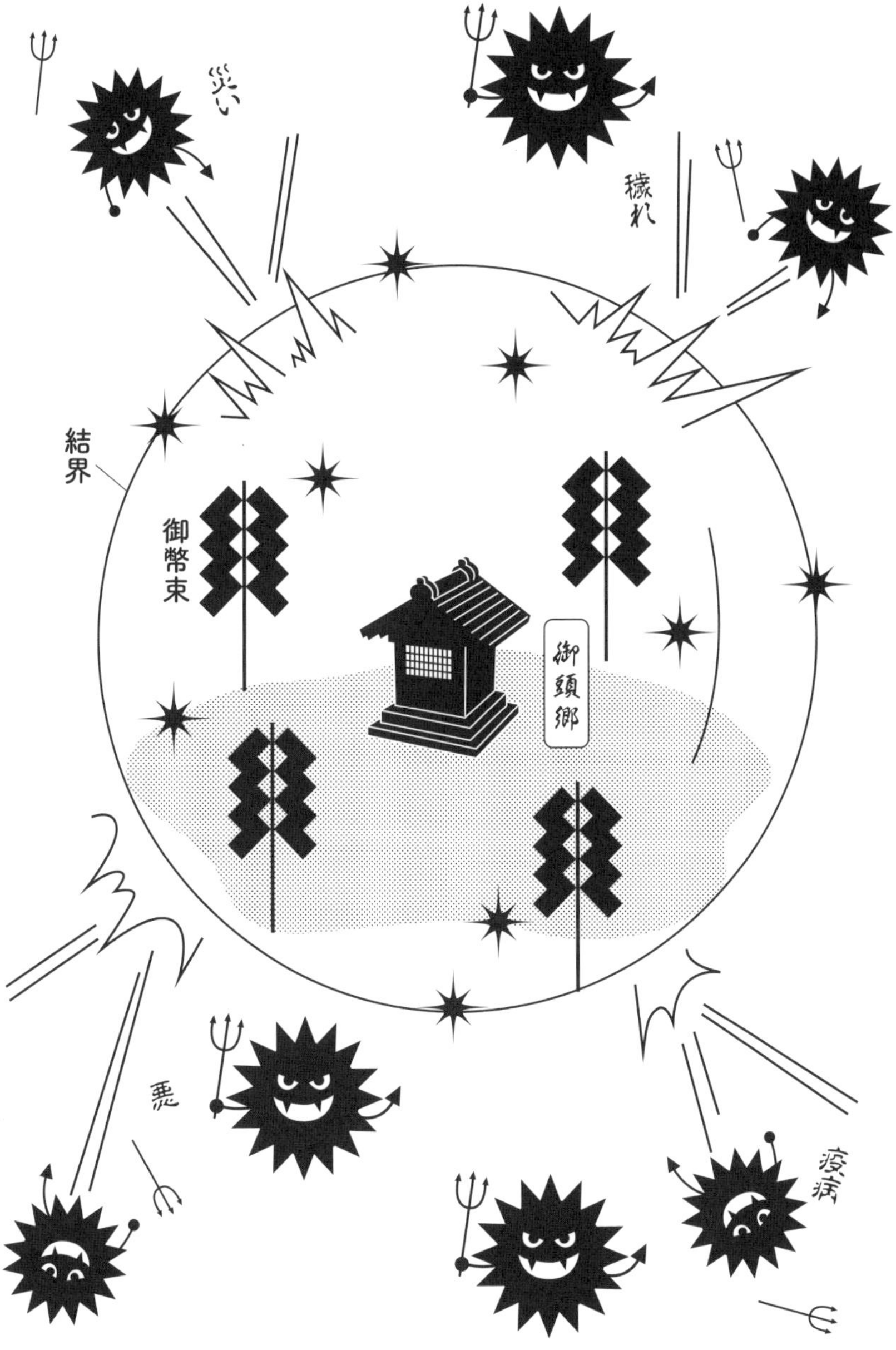

災い
穢れ
結界
御幣束
御頭郷
悪
疫病

地区に対するものです」

現在は、諏訪地方の6市町村（諏訪市・茅野市・岡谷市・下諏訪町・原村・富士見町）を10のブロックに分けた10の御頭郷があるそうです。

「正月1日の御頭御占《みうら》神事でその年の御頭郷が決まると、まず行うのが御社宮司降祭です」

神長官による「御占」の神事が形を変えて残っているのですね。降祭では何をするのですか、宮坂さん。

「御頭郷地区にミシャグジを降ろし、ミシャグジを付けた御幣束《ごへいそく》を地区境に持っていって立て、境じめをします。境じめによって地区内は神聖な場所となり、災いが入ってこないようにするのです」

地区全体にミシャグジが付いた状態を想像すると、ゾクゾクします。

ところで、当番に当たった御頭郷地区の皆さんは、清く正しく精進潔斎《けっさい》が求められるのでしょうか。知り合いの氏子さんに聞いてみたら、「特別に精進することはない」とのこと。

ミシャグジを降ろして御幣束に付けて、境じめされた御頭郷地区が奉仕する大社の祭りは四つ。上社の野出神事《のいで》（2月28日）と御頭祭（4月15日）、下社の遷座祭《せんざさい》2回（2月1日・8月1日）です。上社と下社それぞれ二つずつなのは、バランスが取れていますね。

ところで野出神事って何ですか。

「野に出ると書いてノイデの神事と言います。御室《みむろ》にこもっていた大祝《おおほうり》が、初めて野に出ていくお祭りでした。冬ごもりしている間に、大祝は御魂《みたま》の霊力を蓄えて、春になったら野に出ていく。今は言葉が残っているだけですが」

大祝のいない現在の野出神事は、御頭郷の御祭り始め、勤仕《きんし》始めのお祭りということで、前宮の十間廊《じゅっけんろう》で行われます。

御頭祭は中世には盛大でしたが、戦乱の時代にかなり衰退。江戸時代に藩政が確立すると、諏訪郡内を御頭の範囲として御頭祭が行われるようになりました。75頭もの鹿の頭が供えられたことが、江戸時代の記録に残っています。

明治の大改革を経た現在は、本宮から建御名方神の神霊を神輿《みこし》に奉じて前宮に行き、十間廊で剥製《はくせい》の鹿の頭二つを多くのお供えと共に供えて、五穀豊穣を祈念しています。

どちらも前宮の十間廊が舞台で、前宮エリアの歴史の重みが大切にされていることが伝わってきます。

下社の遷座祭は、2月1日に下社の神が秋宮から春宮に移って農耕を見守り、稲が順調に育っていることを確認して、8月1日に再び秋宮に移るというものです。

やはり豊かな暮らしの基本、農耕の無事と豊穣祈願が何より大事な神事であり、そこで頼りにされているのが、豊穣をもたらす土地神ミシャグジ。四つの祭りが終わると、ミシャグジを上げます。


それにしても今、ミシャグジを降ろしたり上げたりしているのは誰なのか、気になって仕方がありません。そこで平成最後の10月6日、下社秋宮の参集殿《さんしゅうでん》で行われた御社宮司昇祭に参加させてもらいました。

入り口に手水《てみず》が用意されていて、身が引き締まります。会場には御頭郷の役員の皆さんがそろいの法被《はっぴ》や正装で集まっていました。そして、正面のしめ縄が張られた向こうに、ミシャグジが付いた大きな御幣束が立っています。ミシャグジが、同じ部屋の結界のすぐ向こうにいるんですよ！　そう思うだけでドキドキです。

祭りの開始にあたって、「祓《はら》い言葉」という祝詞《のりと》があげられ、参列者は御幣《ごへい》のようなもので祓い清めてもらいます。そして、いよいよ。

春から秋にかけて祭りが滞りなく終わったことを感謝して、ミシャグジにお帰りいただく祝詞をあげたのは、大社の宮司さんでした。

雅楽が流れ、参列者一同はかしこまって頭を垂れます。その中を、「警蹕《けいひつ》」と言われる先払いの「おお〜〜〜」の声が厳かに響きわたり、ミシャグジは空へ帰っていかれたようです。

「お直りください」の声で頭を上げ、一同が拍手をして祭りは終わり。

ミシャグジを降ろして付けて上げるといった太古からの神祭り。古文書をひもといて、諏訪信仰の深い霧の中で右往左往してきたわたくしにとっても、感慨ひとしおです。

神さまの住まいである本殿が造られるようになったのは、神さまにいつもそばにいてほしいと人々が願うようになったから。ミシャグジの祭りが、他では忘れ去られてしまった古い信仰であり、ミシャグジが諏訪の最古層にいる神さまであると実感できた瞬間でした。

御渡《みわた》りの全国展開

昭和53年（1978）に諏訪大社宮司の三輪磐根《みわいわね》が著した『諏訪大社』に、建御名方神《たけみなかたのかみ》がどのような神であったかの考察があります。きわめて勇猛の神、偉大な開拓神といった従来の説に加えて、

御名方の御名は水の意であり、方は潟のことである。河川が湖沼や海に流入する地点は、上流の土砂によって次第に陸地化され、そこに潟が形成される。御名方とは湖沼や海辺、水辺を指しているともいえる。また水のお方と素直に解しては如何なものか。そこで建御名方神という神の意義は、湖水の水辺に住んでいたきわめて勇武に富んだ神であろうともいえる。

（『諏訪大社』（学生社）より引用）


諏訪の自然に根差したタケミナカタ。新鮮でした。

諏訪湖を挟む形で大社の上社と下社があることからも、ミナカタは水の潟で、タケミナカタは諏訪湖そのものを神格化した名前であり、元々諏訪湖の神だったと考えられるとの説もあります。こうなるとがぜん、諏訪湖の存在が〝神の湖〟としてクローズアップされてきます。

諏訪に自然信仰が今も息づき、人々が神と共に生きていることを感じさせてくれるのが、冬の諏訪湖の御渡り（御神渡《おみわた》り）でしょう。

御渡りは、全面結氷した諏訪湖に突如不気味な音とともに亀裂が入って盛り上がり、氷脈となって湖面を貫く現象です。冬の寒さが厳しくなると、「今年はどうかな」「見られるといいですね」があいさつ代わり。寒気が続けば、連日ローカルニュースで状況が報じられて期待が高まり、寒気が緩めば気をもむことに。

毎年、御渡りの状況を実地に調べて拝観する神事を担う八劔《やつるぎ》神社の宮司、宮坂清さんは言います。

「古人《いにしえびと》は、この湖の中に主《ぬし》がひそんでいるのではないか、もしかすると龍かもしれない…と思ったのでしょう。龍のはったような現象が起こるのですから。原点は恐れと畏《おそ》れです。自然現象ですが神のなせる業《わざ》と受け止め、畏れ敬ったのです」

それが神さまの渡った跡ではないかとなり、やがて上社の男神が下社の女神の元に通った道筋と受け止められるようになりました。神の恋の通い路なんて、ロマンチックな解釈ですが、そもそも諏訪湖を挟んで上社と下社があるのは、氷脈によって結ばれる不思議議がかかわっていたのでしょうか。妄想に走っていると、宮坂さんから一言。

「古い文書を見ていくと、『御渡り』という言葉がすべてです。『御神渡り』と書いた文書は一つもありません。神という字を付けなくても、御を付けるだけで最高の敬称だと思うんです。何か高貴なものが渡られたという表現です。今からでいいから、御神渡りとは書かないように」

ははぁ、そうでしたか。「御渡り」と書くようにします。

中世の諏訪信仰を知るためのバイブル『諏方大明神画詞《すわだいみょうじんえことば》』（以下『画詞』）では、最後の記事が御渡りです。「当社神変不思議の第一」としてその様子や不思議を書き、

「神がお渡りになると、浜神の鳴動が数十里にまで聞こえる。その音を聞いて多くの人が群がり集まってきて、これを拝する」と、人々の関心の高さをつづっています。そして、締めくくりは次の一文です。

承久《じょうきゅう》3年の御渡りは、時期も時刻も異例だった。吉凶の予測は難しいことだ。

（『諏方大明神画詞』より要約）

承久3年（1221）は、承久の乱が起こった年。御渡りの異変は国家の異変の予知であると、誇らしげに書いて筆を置いているのです。御渡りがいつ頃現れるかのデータを、鎌倉時代の人は既に持っていたようです。宮坂さん、そうなのですか。

「御渡り拝観が、いつからなぜ行われるようになったかはわかりません。拝観は、上社側から下社側へと南北に走る大きな氷脈で、最初にできたものが『一之御渡り』、二番目にできたものが『二之御渡り』です。そしてもう一つ、これと交差する形で『佐久之御渡り』があります。この三筋の確認の仕方は、室町時代からほとんど変わっていません」

御渡りに一番目と二番目の筋があり、その上第三の筋まであって、しかも、確認できるだけでも室町時代から、同様の拝観ポイントで拝観が続けられてきたとは二度びっくりです。問題は毎年拝観して記録したものを、どうしていたのか、です。

拝観の結果は、上社の大祝《おおほうり》から室町幕府へ「御渡注進状《みわたりちゅうしんじょう》」という書状で報告していました。

なぜ幕府に報告することになったのか。そのキーマンはやっぱりあの人、『画詞』を作った諏訪円忠《えんちゅう》です（14p参照）。

京都での円忠について、長野県立歴史館の村石正行さんに聞きました。

「大祝諏訪家の分家の円忠は、京都へ移住し室町幕府の奉行人となって活躍しました。奉行人というのは将軍の秘書官で、幕府の事務官僚です。円忠は京都諏訪氏の祖となり、京都諏訪氏は足利尊氏《あしかがたかうじ》から最後の将軍まで、ずっと奉行人の家として続き、幕閣内で諏訪信仰の拡大に努めたのです」

なるほど、注進状のあて先は「御奉行所」です。御渡りの出現は、その年の吉凶を占

御渡り
諏訪湖
八劔神社
総代
宮司
御渡注進状
諏訪大社
宮内庁
気象庁

うものとして重要な判断材料だ、と円忠がアピールしたわけですね。「上社大祝から御渡りの情報が幕府へ申告され、同族の幕府奉行人を通して将軍へ伝えられ、将軍からの返書が幕府奉行人を通して大祝へ伝達されました。諏訪信仰を幕府の中枢に浸透させ、全国展開させるのを、分家の京都諏訪氏が担っていたことがわかります」

諏訪と京都の同族諏訪氏が、連携プレーで諏訪信仰の浸透拡大に励んだということですか。円忠は、初代将軍足利尊氏や後光厳《ごこうごん》天皇を巻き込んで、諏訪社の由緒や神威を宣伝する『画詞』を作った上に、御渡りの注進でも神威の宣伝や権威付け、全国展開につなげていたのですね。

江戸時代は、上社大祝が高島藩の奉行所へ注進状を届けていました。

明治維新の改革に伴って、注進は中断しますが、明治26年（1893）から諏訪神社（当時）への注進が復活。大正9年（1920）からは中央気象台（現気象庁）に報告されるようになりました。これには諏訪市出身の気象学者、藤原咲平《さくへい》がかかわっていて、「貴重なデータであるから是非報告してほしい」とのことだったそう。宮坂さんいわく「世界でも類のない、中世からの連続的な気象記録と見ることもできますからね」。

大正15年（1926）からは、諏訪神社からの申し入れが受け入れられて、宮内省（現宮内庁）にも「言上《ことあげ》」を行って、今に至っています。

御渡り注進による諏訪信仰の全国展開は、今も静かに進行中です。

Column 2

“気になる糸魚川”紀行

母はヒスイの女王

『古事記』の国譲り神話で、建御名方神《たけみなかたのかみ》は大国主神《おおくにぬしのかみ》の息子たちの中で唯一、天《あま》つ神に立ち向かいました。

大国主神は、各地の女神と結婚話がある子だくさんのモテ神です。ならば建御名方神の母はだれなのでしょうか。

建御名方神の母だと伝えられているのは、高志《こし》の国（北陸地方）の沼川《ぬなかわ》郷

（新潟県糸魚川《いといがわ》市辺り）の女神、「ヌナカワヒメ（沼河比売とも奴奈川姫とも書く）」です。

『古事記』には、出雲の大国主神が、はるか遠くの高志の国に才色兼備の姫がいると聞き、プロポーズの旅にやって来たことが書かれています。大国主神は姫の家に着くなり、姫の寝所の板戸をガタガタと押したり引いたり。板戸を挟んで妻求めの歌を歌うと、姫の方は「そんなに焦らず、また明日ね」と初日はおおらかに返歌して断わり、翌日の夜めでたく結ばれます。

でも『古事記』には、二人の間に建御名方神が生まれたとは書かれていません。

建御名方神の母がヌナカワヒメであると伝えるのは、江戸時代まで『古事記』や『日本書紀』と並ぶ書物として尊重されてきた『旧事本紀《くじほんぎ》』。「大己貴《おおなむち》神《のかみ》（＝大国主神）が高志の沼河姫を娶《めと》って一男がお生まれになった。その子、建御名方神は信濃国諏方《すわ》郡の諏方神社に鎮座される」とあります。

大国主神は、素敵な姫を妻にしようと遠路もいとわずやって来ますが、これは単なる求婚の旅ではなく、もちろんウラがありました。

古代の日本海沿岸地域には、大きく分けると東に高志の国、西に出雲の国があり、高志の国の象徴がヌナカワヒメで、出雲の国の象徴が大国主神でした。大国主神が高志の国に出かけたのは、その地を支配下に置くための遠征だったと見ることができるというのです。

しかもヌナカワヒメは、高志の国の象徴というだけではありません。糸魚川の中心部を流れ下って日本海に注ぐ姫川は、支流の小滝川の上流が良質なヒスイの原産地。姫川の西を流れる青海《おうみ》川の上流でもヒスイが採れます。姫川や青海川の河口付近や海岸部には、流れ出たヒスイの原石を拾って製品にした製作遺跡が分布しています。ヌナカワの「ヌ」は「玉」を意味し、ナは助詞の「の」で、玉の川の姫。姫のお膝元は、ヒスイの玉製品の産地だったのです。

注目すべきは、勾玉《まがたま》をはじめとするヒスイの玉が、単なるアクセサリーではなく権力の象徴であるということです。考古学者の森浩一が編んだ『古代王権と玉の謎』によると、全国の遺跡から出土するヒスイ製品の原石は、ほとんどが糸魚川産のものなのです。

ヒスイが見つかるヒスイ海岸は石ころだらけ。ヒスイを見つけるのは難しいけれど、拾える石の種類が多く、きれいな色や楽しい模様の石がいっぱい

ヌナカワヒメは、神秘の力を秘めているとされていた貴重なヒスイの産地を統轄するヒスイの女王。大国主神の高志への旅は、ヒスイを求めての旅とも考えられます。

糸魚川の郷土史家、土田孝雄さんは著書『奴奈川姫とヒスイ文化』で、「ヒスイを有する奴奈川姫、そのヒスイを身につけた美しくも賢き、巫女王奴奈川姫を、鉄を有する出雲勢力が獲得のため遠征を試みたのであるという見解が出され、ヒスイの魅力・威力を知るにつけ、徐々に肯定されつつある」と書いています。

ヒスイの玉は、縄文時代から古墳時代にかけて盛んに生産され、日本海沿岸をはじめ列島各地に流通していました。もちろん、出雲の遺跡からも諏訪の遺跡からも、ヒスイの勾玉などが出土しています。

ヌナカワヒメを探せ!

美しくも賢いヒスイの女王。大国主神《おおくにぬしのかみ》ならずとも惹《ひ》かれます。「高志《こし》の国」へ、ヌナカワヒメの痕跡を探しに行ってみました。

まず向かうのは、大国主神の上陸伝説が伝わる居多《こた》ケ浜《がはま》(新潟県上越市)。ここから歩いて5分ほどの所にある居多《こた》神社は、平安中期の『延喜式《えんぎしき》』の神《じん》名帳《みょうちょう》にその名が記され、越後一の宮として信仰を集めてきました。周辺は、古代から中世にかけて経済、文化の拠点として栄えていました。

居多神社に立つほのぼの家族３神像。
この幸せがずっと続いてほしかった

案内板に書かれた祭神は「大国主命・奴奈川姫《ぬなかわひめ》・建御名方命《たけみなかたのみこと》」で、家族3神そろい踏み。新潟では、ヌナカワヒメを奴奈川姫と書くのがスタンダードのようです。明るく広々とした境内には、稲穂を抱いた大国主神と、赤ん坊の建御名方神を抱いたヌナカワヒメの像が立ち、ほのぼの幸せ感が漂っていました。大国主神は近くの身能輪山《みのわやま》周辺に居を構え、越後地方に農業技術や砂鉄の精錬技術などを伝えたとの伝承もあるのです。

次は、近くの古刹・明静《みょうじょう》

院《いん》。境内に建御名方神が生まれた岩屋があるといいます。車1台通るのがやっとの曲がりくねった山道をドキドキしながら1キロほど、駐車場からは山道を歩いて上って現れた本堂の横から、さらに苔むした石段を上ると小さな諏訪神社があり、その後ろに岩屋がありました。

岩屋は寛延《かんえん》4年（1751）の大地震で欠け落ちてしまったそうですが、そそり立つ巨岩の下にくぼみ。巨岩と巨岩の間には石の祠が置かれて、古代信仰の霊地の趣です。この山奥の岩屋が、ヒスイの女王の出産の地…!? 出産のとき建御名方神を取り上げたという姥嶽姫《うばたけひめ》が、岩屋の前の諏訪神社に、家族3神とともに祀られていました。

ヌナカワヒメの本拠地、糸魚川《いといがわ》辺りの沼川郷《ぬなかわ》内には姫を祀る神社が多く、『延喜式』の神名帳に記された「奴奈川神社」ではないかとされる神社が幾つもあります。中でも有力な3社を巡ってみましょう。

まずは糸魚川市能生《のう》の白山《はくさん》神社。ヌナカワヒメを産土神《うぶすながみ》として祀ったのが始まりという新潟県内屈指の古社です。風格ある茅葺《かやぶ》きの拝殿の後ろ、尾山《おやま》と言われる裏山の岩場のきわに建つ本殿は、永正《えいしょう》12年（1515）に造られた国重要文化財。広々とした境内には、多くの建物があります。でも、どこにもヌナカワヒメのヌの字もありません。

白山神社の文化財保存会発行の『略史　文化財　特殊神事』によると、神仏習合《しゅうごう》の時代に「白山権現」となって以来、菊理媛命《くくりひめのみこと》（白山比咩命《はくさんひめのみこと》ともいう）などを祀っていたのだそうです。それが、「明治に入り、祭神を菊理媛命から奴奈川姫命に、社号を白山権現から奴奈川神社に復旧を願い出るも、経《いき》緯《さつ》があり、祭神の変更は認められるも社号の復旧は認められず、『白山神社』として現在に至っている」。ヌナカワヒメは長い間、菊理媛命に取って代わられてしまっていたのです。

この白山神社がある能生地区の「筒石《つついし》」という漁村集落は、『出雲国風土記』の中に出てくる神話の舞台とも言われています。

それは、出雲の神があちこちから土地を引っ張ってきて出雲国を大きくしたという「国引き神話」。高志の都都《つつ》の三埼《みさき》の余っている所が切り取られ、出雲に引き寄せられて縫い付けられたのが島根半島の東端「三穂之埼《みほのさき》」であり、切り取られた高志の都都が、新潟県糸魚川市能生の筒石か上越市直江津付近の岬だと言われているのです。『糸魚川市史』では、これを「出雲の政権が越国《こしのくに》に及んだ反映だ」としています。

次。海岸沿いを走る国道8号線を西に向かうと、田伏《たぶせ》にその名も奴奈川神社があります。ヌナカワヒメを主祭神として、大国主神も祀られています。

この近くには、5〜6世紀の古墳時代中期から後期にかけて玉作りが行われた田伏玉作《たまつくり》遺跡があったり、浜砂鉄精錬遺跡があって、やはり出雲と高志の関係に思いが及びます。

もう一つの奴奈川神社は糸魚川市の中心部、一の宮にある天津《あまつ》神社の境内。天津神社は、日本武尊《やまとたけるのみこと》の父、第12代景行《けいこう》天皇の時代に創設されたと伝わります。天つ神を祀る本殿の隣に、奴奈川神社の本殿が並んでいました。天つ神の神社に後から入れてもらって、大切にされているといった感じです。案の定、天津神社のパンフレットに「糸魚川市蓮台寺の奥・柳谷にあったが、元暦《げんりゃく》2（1185）年秋に山崎の地に移り、その後現在地に移ったと伝えられる」と書かれていました。ヌナカワヒメを祀る一族の変遷につながるのでしょうか。

諏訪の懐の深さを高志で知る

糸魚川ではヌナカワヒメへの愛着が強く、「大国主神《おおくにぬしのかみ》とのラブロマンスとその子建御名方神《たけみなかたのかみ》は故郷の誇りだ」という空気が色濃く漂っていました。糸魚川駅前にはヒスイの玉を手にしたヌナカワヒメの像が立ち、商店街にはヌナカワヒメを真ん中に七福神が宝船に乗った八福神像、日本海を望む公園には幼い建御名方神がまとわりつくヌナカワヒメ像。ヌナカワヒメだらけです。

そんな糸魚川に伝わるヌナカワヒメの後日談は、「大国主神と不仲になって逃げ帰り、自害した」という衝撃的で悲劇的なもの。信州人はびっくり仰天です。というのも、信州諏訪では全く違う後日談があって、そんな悲劇は想定外だったから。

信州諏訪の伝承では、建御名方神が高志《こし》の国から母神を迎え、母神は鹿に乗って大門峠《だいもんとうげ》を越えて来て、茅野市の御座石《ございし》神社に鎮まりました。建御名方神が八ヶ岳山麓での狩りの帰りに立ち寄った折には、母神は鹿肉とどぶろく、ウドの粕あえなどで息子神をもてなした、というのです。ほっこりしませんか？

母神の鎮座地は、諏訪上社の狩猟用の聖地・神野《こうや》の入り口でした。4月27日に行われる御座石神社の例祭は「どぶろく祭り」として知られています。当番氏子が境内の濁酒醸造蔵でどぶろくを醸し、その粕でウドを和え、鹿肉を煮込んで神への供え物を整えるのは、母神のもてなし伝承に通じます。神事の後、氏子の皆さんは広々とした境内でどぶろくを酌み交わし、和気あいあいと盛り上がるのです。

建御名方神は、出雲を舞台にした国譲り神話で力比べに敗れた後、日本海を東に逃げて母神のいる高志の国の沼川《ぬなかわ》郷に行き、姫川または信濃川（千曲川）をさかのぼって諏訪に入ったと考えられています。そして諏訪に落ち着いた後、高志から母神を迎えたのでしょうか。

そういえば、大国主神とヌナカワヒメの間にできた子神に関する情報がもう一つありました。『出雲国風土記』です。

ＪＲ糸魚川駅前に、ヒスイの玉を手にしたヌナカワヒメ像。
地元のヌナカワヒメ愛が伝わる堂々の女神っぷり

天下をお造りになった大神の命（大国主神）が、高志の国の奴奈宜《ぬなが》波比売命《わひめのみこと》を妻としてお産みになったのが御穂須々美命《みほすすみのみこと》である。この神が鎮座しておられるので、地名を美保という。

（『出雲国風土記』より要約）

建御名方神には同腹の兄弟がいたようで、御穂須々美命が鎮座する美保は島根半島の東端にあります。先ほどの出雲の「国引き神話」で、高志の都都《つつ》の三埼《みさき》から切り取っていったという、まさにその三穂之埼《みほのさき》。そこにある美保神社（松江市美保関町）の祭神でした。『古事記』と『旧事本紀』と『出雲国風土記』に書かれている内容を総合すると、この御穂須々美命と建御名方神との同一神説があるのは納得できることです。越後や信濃では、御穂須々美命は建御名方神と習合《しゅうごう》しているくらいですから。

現在の美保神社には、建御名方神の異母兄弟である事代主神《ことしろぬしのかみ》と、三穂津姫命《みほつひめのみこと》が祀られています。御穂須々美命と似て非なる三穂津姫命は、出雲の国譲りにおいて、天《あま》つ神側で中心的な役割を果たした高皇産霊尊《たかみむすひのみこと》の娘。『日本書紀』では国譲りの際、高皇産霊尊が大物主神《おおものぬしのかみ》（＝大国主神）に「お前が国つ神を妻にすると、私はまだお前が心服していないと思うだろう。そこで我が娘三穂津姫命を妻にさせよう」と娘を与えています。つまり、ヌナカワヒメにとってはライバルというわけです。

こうして見てくると、出雲も高志も諏訪も、それぞれ絡みながら独自の信仰の層を重ねてきていることがわかります。

なかでも諏訪は、太古からの自然信仰を捨てることなく、新しい外来の神も受け入れて大切にしながら、独自路線を進み続けてきました。それがこの本の大きなテーマでもあります。

美保神社で中世に祭神から外されてしまった御穂須々美命は、幕末の国学者が著した『諏訪旧蹟誌《きゅうせきし》』では、諏訪の祭神の一柱として挙げられています。捨てない、そして受け入れる諏訪信仰。懐が深くていいですよね。知れば知るほど、諏訪の神さまたちが気になって仕方ありません。

あとがき

まさか、こんな深い霧の中に迷い込むことになろうとは、微塵《みじん》も思っていませんでした。平成28年の春、本書の担当編集者山崎紀子さんと一緒に御柱祭《おんばしらさい》へ行ったのが始まりです。

天下の奇祭として知られる諏訪大社の御柱祭ですが、春から秋、そして翌年にかけて、各地の諏訪系神社でも御柱祭が盛大に行われ、あそこもここも、行かずにはいられません。行く先々で、氏子の皆さんの大盛り上がりの御柱愛に圧倒され、これだけ人々を熱くさせる諏訪信仰って何？　諏訪の神さまってどんな神さま？　と、気になって仕方なくなりました。

祭神の建御名方神《たけみなかたのかみ》は『古事記』では負け神なのに、武神として信仰を集めたのはなぜ？　諏訪大社はなぜ上社と下社があるの？　わからないことだらけです。

こうした疑問を解くべく、わたくしが手にしたのは古文書でした。七面倒で無味乾燥なものと思っていた古文書。読んでみたら案の定、活字化されたものでさえ難しくてよく読めません。引きこもって悶々《もんもん》と古文書に向かう日々。でも少しずつ慣れてくると、びっくり仰天な出来事が書かれていて、その奥で何がどう絡んでどうなったのか、霧が深いだけに、わかった時の喜びは無上のもの。これは書かずにいられません。

とはいえ、中世の神職が残した神事の記録から、登場する神さまと神職たちの役割や神事の意味を知ろうとしても、情報が少ない上に複雑で、これまた霧の中でさまようがごとし。頭を抱えていた時、一覧表好きな山崎さんがいそいそと作ってくれたのが、神さまと神職の年間スケジュールや系図。神さまがいつどこで何をしたかを眺めていたら、荘厳な祝詞《のりと》や神楽《かぐら》まで聞こえてくるようでした。古文書から何百年も昔の人の怒りや悔しさ、喜びや自慢がビンビン伝わってくるようになって、その面白さといったらありません。気がつけば、諏訪信仰の深い霧の中から4本の柱が現れていました。それがこの本の四つの章です。

諏訪信仰や神代からの諏訪の歴史は、さまざまな見方、考え方があって、この本はあくまでわたくしが手にした古文書からひもといたもの。これからも折に触れ、さらなる諏訪信仰の奥深さに触れていきたいと思います。

古文書ビギナーの情けないわたくしに、貴重な時間を割いて多くのお教えをくださった専門家の皆さまに、心より御礼申し上げます。そして、素敵な装丁と思わず笑ってしまうイラストを描いてくださった中沢定幸さん、ありがとうございました。ちなみに中沢さんのイラストの神さまは、あくまでわたくしのイメージなので悪しからずご了承ください。

足かけ4年、楽しい取材とセットで辛抱強く面倒を見てくださった編集者山崎さんに、深く感謝しながら筆をおきます。

令和2年初春　　北沢　房子

参考文献

『出雲国神社史の研究』石塚尊俊（岩田書院）
『出雲を原郷とする人たち』岡本雅享（藤原書店）
『糸魚川市史』青木重孝監修（糸魚川市）
『伊藤冨雄著作集』伊藤冨雄（永井出版企画）
『岩波日本史辞典』永原慶二監修（岩波書店）
『雲陽誌』黒澤長尚（島根県内務部）
『神々の里』今井野菊（国書刊行会）
『系図が語る世界史』歴史学研究会編（青木書店）
『現代語訳　古事記』蓮田善明（岩波書店）
『県宝守矢文書を読む』細田貴助（ほおずき書籍）
『県宝守矢文書を読むⅡ』細田貴助（ほおずき書籍）
『口語訳　古事記』三浦佑之（文藝春秋）
『荒神谷遺跡の謎ブックレット１』（島根県簸川郡斐川町）
『古事記』倉野憲司校注（岩波書店）
『古事記・再発見。』三浦佑之（ＫＡＤＯＫＡＷＡ）
『古事記伝』本居宣長（岩波書店）
『古事記を旅する』三浦佑之（文藝春秋）
『古代出雲を歩く』平野芳英（岩波書店）
『古代王権と玉の謎』森浩一編（新人物往来社）

『古代諏訪とミシャグジ祭政体の研究』古部族研究会編（人間社）
『信濃奇勝録』井出道貞（明治文献）
『信濃史料叢書　新編』（信濃史料刊行会）
『島根県の歴史散歩』島根県の歴史散歩編集委員会（山川出版社）
『信州の神事』長野県神社庁監修（銀河書房）
『神長官守矢史料館周辺ガイドブック』（茅野市神長官守矢史料館）
『神長官守矢史料館のしおり』（茅野市神長官守矢史料館）
『すぐわかる日本の神々』鎌田東二監修（東京美術）
『諏訪系神社の御柱祭』松崎憲三編（岩田書院）
『諏訪史』宮地直一（信濃教育会諏訪部会）
『諏訪市史』諏訪市史編纂委員会編（諏訪市）
『諏訪史料叢書　復刻』諏訪教育会編（中央企画）
『諏訪信仰の中世』福田晃・徳田和夫・二本松康宏編（三弥井書店）
『諏訪信仰の発生と展開』古部族研究会編（人間社）
『諏訪信仰の歴史と伝承』二本松康宏編（三弥井書店）
『諏訪神社鑑』山田肇（諏訪神社奉賛会）
『諏訪大社』（諏訪大社）
『諏訪大社』（信濃毎日新聞社）
『諏訪大社』武田安弘監修（郷土出版社）
『諏訪大社』三輪磐根（学生社）

『諏方大明神画詞』宮坂光昭（長野日報社）
『スワニミズム　1～4号』（スワニミズム）
『諏訪明神』寺田鎮子・鷲尾徹太（岩田書院）
『戦国時代の諏訪』諏訪市教育委員会編（諏訪市）
『戦国時代の諏訪信仰』笹本正治（新典社）
『先代旧事本紀』国史大系第7巻（吉川弘文館）
『先代旧事本紀　現代語訳』安本美典監修（批評社）
『高遠町誌』高遠町誌編纂委員会編（高遠町誌刊行会）
『茅野市史』（茅野市）
『長野県百科事典　補訂版』信濃毎日新聞社出版部編（信濃毎日新聞社）
『長野県立歴史館研究紀要　9号・18号』（長野県立歴史館）
『日本書紀』日本古典文学全集（小学館）
『日本の神様読み解き事典』川口謙二編著（柏書房）
『奴奈川姫とヒスイ文化』土田孝雄（奴奈川姫の郷をつくる会）
『能生白山神社　略史　文化財　特殊神事』（能生白山神社文化財保存会）
『風土記』日本古典文学全集（小学館）
『葬られた王朝』梅原猛（新潮社）
『御射山』金井典美（学生社）

北沢房子

きたざわふさこ

1958年上田市生まれ。
出版社勤務の後、文筆家。
著書に『信州魅惑の寺』『信州着物暮らし十二カ月』、
第256世天台座主の『和顔愛語を生きる』(聞き書き)など。
長野市在住。

装幀
イラスト
中沢定幸

編集
山崎紀子

諏訪の神さまが気になるの

－古文書でひもとく諏訪信仰のはるかな旅－

2020年１月20日　初版発行
2023年12月31日　第８刷発行

著者　北沢房子

発行　信濃毎日新聞社
〒380-8546 長野市南県町657
TEL026-236-3377 FAX026-236-3096
印刷　大日本法令印刷株式会社

ISBN978-4-7840-7354-2 C0021